Direito do Trabalho Necessário

T269d   Telesca, Maria Madalena
        Direito do trabalho necessário / Maria Madalena
        Telesca (coord.), Luiz Alberto de Vargas, Ricardo
        Carvalho Fraga. — Porto Alegre: Livraria do Ad-
        vogado, 2002.
        143p.; 14x21 cm.

        ISBN 85-7348-214-1

        1. Direito do trabalho. 2. Processo trabalhista.
3. Reforma processual. 4. Privacidade: Correio
eletrônico. 5. Mediação e conciliação. 6. Procedimento sumaríssimo. I. Vargas, Luiz Alberto de.
II. Fraga, Ricardo Carvalho. III. Título.

                                          CDU 331

Índices para o catálogo sistemático:
Direito do trabalho
Processo trabalhista
Reforma processual
Privacidade: Correio eletrônico
Mediação e conciliação
Procedimento sumaríssimo

(Bibliotecária responsável: Marta Roberto, CRB-10/652)

Maria Madalena Telesca (Coord.)
Luiz Alberto de Vargas
Ricardo Carvalho Fraga

Direito do Trabalho Necessário

Porto Alegre 2002

© Maria Madalena Telesca (Coord.)
Luiz Alberto de Vargas
Ricardo Carvalho Fraga
2002

Capa, projeto gráfico e diagramação
Livraria do Advogado Editora

Revisão
Rosane Marques Borba

Direitos desta edição reservados por
Livraria do Advogado Ltda.
Rua Riachuelo, 1338
90010-273 Porto Alegre RS
Fone/fax: 0800-51-7522
livraria@doadvogado.com.br
www.doadvogado.com.br

Impresso no Brasil / Printed in Brazil

Prefácio

Contêm as páginas que seguem reflexões de três jovens magistrados do trabalho, idealistas e preocupados com os rumos da proteção do trabalhador e da Justiça do Trabalho no Brasil no início deste novo século. Debatem questões da ordem do dia da sua atividade, como a reforma do Judiciário e a eliminação da morosidade na solução dos litígios, o procedimento sumaríssimo da Lei n° 9.957, de 12/01/2000, o sucesso ou insucesso de sua aplicação e a crítica a aspectos desse diploma, a teoria das provas em juízo, o processo de execução deslocado das diversas varas de uma localidade para uma vara especializada na execução, a necessidade de se preservar a existência da Justiça do Trabalho, as Comissões de Conciliação Prévia da Lei n° 9.958, de 12/01/2000, e o livre acesso ao Judiciário, a arbitragem privada dos litígios e a jurisdição estatal. Como se vê, são questões polêmicas que absorvem o debate dos operadores do Direito, em particular dos operadores do Direito do Trabalho, na atualidade brasileira, sob a influência do Neoliberalismo e da globalização capitalista.

A preocupação com a celeridade e a efetividade da Justiça do Trabalho anima todo o debate e municia as propostas inovadoras.

A Justiça, em geral, e a Justiça do Trabalho, em especial, padecem, no Brasil, uma série crise, que, em boa parte, decorre da crise do Estado, sendo reflexo desta. Anos atrás, dizia-se que a Justiça do Trabalho era, entre as várias justiças, a que melhor funcionava no País. Hoje, dificilmente, se poderá dizer o mesmo. Nos últimos anos, a Justiça do Trabalho tornou-se uma justiça morosa e congestionada, em que os feitos penam por anos e anos, antes de ter uma solução definitiva. Esse problema se agrava quando se pondera que o seu principal destinatário é o trabalhador, o qual não pode e não deve aguardar muito tempo para receber os ganhos do seu trabalho, que lhe foram sonegados pelo empregador, pois normalmente não possui outra fonte de sobrevivência. Como observou alguém, "outrora o empregado ameaçava o patrão com a reclamação na Justiça, hoje, o patrão ameaça o empregado com a demora da Justiça".

A quantidade avassaladora de processos, responsável pela crise atual, crise da efetividade do processo como instrumento de solução de litígios, decorre do desenvolvimento e da modernização do País nas três últimas décadas, com o avanço tecnológico e o surgimento de novas atividades, ao mesmo tempo em que o advento do Fundo de Garantia do Tempo de Serviço, com vigência a partir de 1967, estimulou a redução da duração dos contratos de trabalho e o aumento das despedidas, a par da multiplicação de conjunturas recessivas da economia, que também ampliam as dispensas de trabalhadores, assim como os sucessivos planos econômicos, fontes de intermináveis litígios.

Inicialmente, buscou-se enfrentar a proliferação das demandas com o aumento dos órgãos julgadores: Juntas de Conciliação e Julgamento, hoje Varas do Trabalho, Tribunais e cargos de juízes e de servidores se multiplicaram. Mas todo esse desenvolvimento evidenciou-se insuficiente para abreviar a solução dos conflitos do trabalho.

A Justiça do Trabalho, no Brasil, funcionou a contento apenas nas duas primeiras décadas da sua criação, quando a quantidade de demandas era sensivelmente inferior à existente na atualidade.

Como a ampliação da estrutura judicante malogrou na solução da crise, voltou-se o legislador, mais recentemente, para as inovações processuais, como as das Leis 9.957/2000 e 9.958/2000, ou projetou a postergação da lei pela negociação coletiva, por sugestão do empresariado, pois, com a propagação do desemprego e o enfraquecimento conseqüente do sindicato, a perda do poder de barganha dos trabalhadores é notória e enseja a supressão de direitos, com proveito econômico dos empregadores. Entretanto, essa mudança é saudada, pelos seus defensores, entre eles o Governo, como reforma e modernização da CLT, necessária à empregabilidade, ao combate ao desemprego.

No que respeita ao procedimento sumaríssimo introduzido pela Lei nº 9.957/2000, sem esquecer o aspecto amplamente positivo da lei, consistente no retorno às origens da Justiça Especializada, em que os autores da CLT projetaram um procedimento simples e célere, predominantemente oral, e com a concentração dos atos processuais em audiência única, abandonado, infelizmente, na prática, com o decurso do tempo, como conseqüência da multiplicação extraordinária de litígios, questionável se não seria mais apropriado, em respeito à liberdade do litigante, facultar-se ao autor, a exemplo da Lei nº 9.099, de 26/09/95, a opção pelo procedimento sumaríssimo ou pelo ordinário, como sugerem os autores desta obra. Todavia, acredito que poderíamos ser mais radicais: terá sido produtivo cindir-se o processo trabalhista em dois procedimentos distintos, como fez a Lei nº 9.957/2000, de modo que os feitos, hoje, se bipartem, quase pela metade, entre um e outro procedimento? Em certo sentido, não se ampliam as controvérsias quando os litigantes discutem o valor da causa, visando a enquadrar a demanda ou no procedimento ordinário ou no sumaríssimo? Não teria sido mais sensato adotar-se exclusivamente o procedimento sumaríssimo da Lei nº 9.957/2000, com algum aperfeiçoamento, para todos os feitos da Justiça do Trabalho, já que o valor da causa é critério manifestamente insuficiente e imperfeito para determinar o procedimento e balizar a urgência e a necessidade de solução mais rápida para uns e outros litígios?

De outra parte, jamais se terá um processo enxuto e célere, como deve ser o processo do trabalho, com a profusão de recursos existente. Sendo a presteza e a brevidade exigências da natureza desse processo, que tutela direitos de sobrevivência, não se justifica a existência de mais de um recurso. Não é o requisito da transcendência que se faz mister como condição de admissibilidade do recurso de revista. É o próprio recurso de revista, por seus objetivos de uniformidade interpretativa da lei e tempo de tramitação que consome, que não se justifica.

No que tange à Lei nº 9.958/2000, que instituiu as Comissões de Conciliação Prévia no sindicato ou na empresa, preocupam-se os autores, com toda a razão, em preservar o livre acesso ao Judiciário e o respeito ao art. 5º, inciso XXXV, da Constituição, de modo que não se exclua da apreciação do Poder Judiciário lesão ou ameaça a direito, o que também é válido no que concerne à arbitragem, regulada na Lei nº 9.307, de 23/09/96. Nesse sentido, não se deve adotar interpretação à Lei nº 9.958/2000 que implique extinção do processo judicial na hipótese de não ter a reclamação transitado pela Comissão de Conciliação Prévia antes de ter vindo a Juízo, pois a conciliação pode consumar-se na esfera judicial e, se for inviável, já estará o dissídio na via pertinente para ser solucionado, de nada valendo seu retrocesso à via conciliatória pré-judicial.

Seria viável e produtiva a aplicação da arbitragem, regulada pela Lei nº 9.307, de 23/09/96, aos litígios trabalhistas? De acordo com o art. 1º da Lei nº 9.307/96, aplica-se a mesma para dirimir litígios relativos a direitos patrimoniais disponíveis entre pessoas capazes de contratar. Parece induvidoso que os direitos trabalhistas são direitos patrimoniais. Todavia, serão disponíveis? A doutrina assentou que, de regra, são indisponíveis os direitos individuais trabalhistas, com algumas poucas exceções. A indisponibilidade decorre das normas constantes dos artigos 9º, 444 e 468 da CLT. Não obstante, a taxatividade do preceito contido no *caput* do art. 643 da CLT, hoje com a redação da Lei nº 7.494, de 17/06/86, parece repelir o recurso à arbitragem nos dissídios entre empregados e empregadores e nos outros que refere ao dispor: "Os dissídios oriundos das relações entre empregados e empregadores, bem como de trabalhadores avulsos e seus tomadores de serviços, em atividades reguladas na legislação social, serão dirimidos pela Justiça do Trabalho, de acordo com o presente título e na forma estabelecida pelo processo judiciário do trabalho". Verifica-se, no entanto, que esse dispositivo foi abrogado em parte pela Constituição vigente, no art. 114, §§ 1º e 2º, no que concerne aos conflitos coletivos, mas, no que respeita aos dissídios individuais, a solução dos conflitos trabalhistas pela via da arbitragem encontra óbice nesses mesmos dispositivos constitucionais. Enquanto o art. 114 traça a competência da Justiça do Trabalho no *caput* e § 3º, introduzido este pela Emenda Constitucional nº 20/98, os §§ 1º e 2º prevêem a arbitragem apenas para a hipótese de negociação coletiva, na qual parece admissível a incidência da Lei nº 9.307/96, com a ab-rogação parcial do art. 643 da CLT, o que não ocorre no que tange aos dissídios individuais. Se a arbitragem é prevista na Constituição, no que concerne aos litígios trabalhistas, tão-somente para a solução dos conflitos coletivos, aliás a forma mais encontrada no direito comparado para dirimi-los, não seria judicioso admiti-la na solução dos conflitos individuais, para os quais a arbitragem não é contemplada, restando aí incólume a regra do referido art. 643 do diploma consolidado.

Todavia, o Direito do Trabalho constitui obra da civilização que pretendeu controlar o poder econômico, protegendo a dignidade do homem que trabalha, enquanto a estratégia do nosso desenvolvimento econômico tem sido excludente das maiorias. Se o projeto de condicionar a tutela legal do trabalhador à negociação coletiva vingar, o poder econômico estará reconquistando terreno anteriormente perdido e ampliando a exclusão das maiorias. É a economia dominando a sociedade e se desenvolvendo por si mesma através da atuação de suas próprias leis, que aproveitam a poucos em detrimento de muitos. A Ética se degrada, pois o *ser* se degrada em *ter*. E, como observou Guy Debord, "a fase atual, em que a vida social está totalmente tomada pelos resultados acumulados da economia, leva a um deslizamento generalizado do *ter* para o *parecer*, do qual todo 'ter' efetivo deve extrair seu prestígio imediato e sua função última" (A Sociedade do Espetáculo). E a Política deixa de buscar diretamente o bem comum para buscar o bem da Economia, na ilusão apregoada e inquestionada de que o funcionamento perfeito da Economia resolverá os problemas sociais e realizará o bem comum. Tem-se, assim, a terceirização do bem comum.

Porto Alegre, outubro de 2001.

José Fernando Ehlers de Moura

Juiz aposentado do TRT da 4ª Região e
Diretor da FEMARGS – Escola da Magistratura do Trabalho do
Rio Grande do Sul – Fundação João Antonio G. Pereira Leite

Sumário

1. Comissão Prévia de Conciliação 13
   1.1. Comissão Prévia de Conciliação
        Luiz Alberto de Vargas e *Ricardo Carvalho Fraga* 15
   1.2. Livre acesso ao Judiciário - Lei 9.958
        Ricardo Carvalho Fraga 18
2. Sumaríssimo 33
   2.1. Primeiro ano de Sumaríssimo
        Ricardo Carvalho Fraga e *Maria Madalena Telesca* 35
   2.2. Falácia da Simplicidade Objetivamente Determinável
        Ricardo Carvalho Fraga e *Luiz Alberto de Vargas* 37
3. Novas posturas Judiciais 49
   3.1. Fatos e jurisprudência – reflexões iniciais
        Ricardo Carvalho Fraga e *Luiz Alberto de Vargas* 51
   3.2. Ouvir e/ou Falar
        Ricardo Carvalho Fraga 59
4. Reformas Processuais 93
   4.1. Os alicerces devem ficar
        Ricardo Carvalho Fraga e *Maria Madalena Telesca* 95
   4.2. Direito do Trabalho – resistindo e evoluindo
        Ricardo Carvalho Fraga e *Maria Madalena Telesca* 107
5. Novíssimos temas 115
   5.1. Direito de privacidade do correio eletrônico no local de trabalho: o debate nos Estados Unidos
        Luiz Alberto de Vargas 117

— 1 —
Comissão Prévia de Conciliação

1.1. Comissão prévia de conciliação*

Luiz Alberto de Vargas
Ricado Carvalho Fraga

Entende-se que a Lei 9.958, sobre as Comissões Prévias de Conciliação, deve ter uma interpretação que se coadune com o texto constitucional, inclusive o artigo 5°, inciso XXXV, no sentido de que "a lei não excluirá da apreciação do Poder Judiciário lesão ou ameaça de lesão".

A afirmativa sobre a atualidade do artigo 5°, inciso XXXV, da Constituição Federal não afasta a crença de que a Lei 9.958 pode vir a contribuir para o aperfeiçoamento das instituições, acaso interpretada e aplicada com cuidado. Acredita-se que as partes buscarão as conciliações perante estas na medida em que as mesmas adquiram credibilidade social, sendo certo que esta dependerá fundamentalmente de uma firme aposta das entidades representativas de trabalhadores e empregadores e de uma atitude adequada do Poder Judiciário, simultaneamente de tolerância com os naturais equívocos iniciais de uma experiência inovadora mas também

---
* O presente texto foi elaborado para o 15° Encontro Anual dos Juízes do Trabalho do Rio Grande do Sul, organizado pela AMATRA/RS e ocorrido em Caxias do Sul, em junho de 2001. No momento, foram analisadas outras propostas semelhantes e diversas conseqüências da nova Lei, apontando-se para a realização de Seminário sobre o tema.

de vigilância e atenção, para que não haja desvirtuamento dos propósitos da conciliação extrajudicial.

A solução quanto aos recolhimentos previdenciários relativos aos valores ali acordados, o atingimento de índices expressivos de conciliação, a possibilidade da presença dos profissionais advogados, entre tantos pontos, é que dirão do acerto ou desacerto histórico destas experiências, muito mais do que a mera exigência legal de presença ali, antes do ingresso em juízo.

Na esfera processual, ainda é cedo para saber-se do posicionamento definitivo dos diversos Tribunais Regionais e Superiores relativamente aos inúmeros questionamentos que surgirão e já estão ocorrendo. Medite-se sobre o possível e difícil questionamento sobre a representatividade de uma determinada Comissão Prévia de Conciliação, em eventuais preliminares.

Ainda é cedo, também, para que se conheçam as eventuais dificuldades de funcionamento destas Comissões, principalmente, após a notícia de cobrança de expressivas taxas, mencionadas em ato normativo do Corregedor do TRT de São Paulo, revogado pelo Tribunal Superior do Trabalho.

A todos interessa o melhor debate, sem que se esqueça do respeito ao princípio da celeridade. As opiniões de todos os profissionais, certamente, influirão neste novo quadro, na medida em que expressas no momento e *forum* adequado.

Considera-se, independentemente da compreensão sobre inconstitucionalidade ou não da existência de pré-requisito para ingresso em juízo, ser oportuno que, por ora, sempre que argüida a preliminar de impossibilidade de prosseguimento da reclamatória se tomem as seguintes medidas:

a) registrar as propostas conciliatórias de ambas as partes, inclusive daquela que sustentou a necessidade de reunião prévia de conciliação;

b) expedir ofício para a Comissão Prévia de Conciliação indicada, com cópia da ata e das Procurações, para eventuais providências, com prazo razoável para que a Comissão possa exercer sua atividade;

c) adiar a primeira audiência para prazo razoável, entendendo-se, então, prejudicada a preliminar, havendo ou não a conciliação.

1.2. Livre acesso ao Judiciário - Lei 9.958

Ricardo Carvalho Fraga

1.2.1. Introdução

A Ley 003, de março de 2.000, "sobre la corrupción administrativa", editada pelo Estado Maior Central das Fuerzas Armadas Revolucionarias de Colombia - Ejército del Pueblo, FARC-EP, dispõe que:

"*Considerando que:*
1. Colombia está azotada por el flagelo de la corrupción, en particular, por el saqueo sistemático de las finanzas públicas, transformadas en fuente principal del enriquecimiento personal por los politiqueros y los administradores de la nación, los departamentos, municipios e institutos descentralizados.
[...]
5. Para las FARC-EP está claro que la eliminación definitiva de la corrupción administrativa, solo se logrará con el cambio del Estado y de su Régimen Político, por uno de profunda esencia popular, sustentado en la ética y la moral del bien común.
6. Dada la gravedad e incidencia del fenómeno en la crisis actual,

Resuelve:
Articulo primero: Quien de forma ilícita se apropie de bienes o dineros públicos, o de la misma forma los facilite a terceros, deberá regresarlos íntegramente a la entidad legalmente propietaria de esos recursos, adicionando los intereses correspondientes de acuerdo a la *tasa de interés bancario* vigente en la fecha de la devolución. (grifo atual)
Articulo segundo: Pagará una multa acorde al monto y gravedad del delito cometido, que será mayor entre mas alto haya sido el cargo administrativo desde el cual delinquió. Esta sanción puede llegar a la expropiación de bienes."

Hoje, certamente, um dos maiores dilemas da humanidade é delimitar os espaços do indivíduo e o coletivo, seja no âmbito estatal ou outros. A citada legislação, publicada nas selvas da Colômbia, retrata relevante tentativa de evitar os benefícios individuais através de fraudes e desvios de conduta no trato da coisa pública.

1.2.2. Ineditismo de 1988

Gadamer afirmou que "Quem quiser adaptar adequadamente o sentido de uma lei tem de conhecer também o seu conteúdo de sentido originário".[1]

Juarez Freitas demonstrou incomum percepção da realidade brasileira ao reconhecer que os textos constitucionais podem e/ou devem incorporar as contradições sociais e, especificamente, quanto ao de 1988:

---

[1] HANS-GEORG GADAMER. *Verdade e Método*, Editora Vozes, 1999, p. 484.

"Bem por isso, a Constituição elaborada a partir do pleno respeito às tensões sociais e políticas não terá na sua tensão interna um defeito, antes uma virtude, qual seja, a de incorporar contradições a desafiar permanentemente soluções proporcionais. Faz-se, por conseguinte, merecedora de elogios a Carta que abriga valores ou princípios à primeira vista, contraditórios. Quer-me parecer, com efeito, que uma Constituição democrática forçosamente precisa apresentar tensão interna congênita, sob pena de não traduzir, de modo legítimo e em permanente legitimação, os multifacéticos anseios alojados no corpo e na alma da sociedade, suscitando ou impondo o permanente trabalho interpretativo de compatibilização e de dação de vida organizada às prescrições fragmentárias".[2]

A atual Constituição da República Federativa do Brasil significou um momento ímpar de nossa história, em termos de participação popular da sociedade organizada. É importante registrar que foi o texto constitucional elaborado através de uma maior participação popular, inclusive nos momentos das discussões em audiências prévias, comissões e plenária do Congresso Nacional, assim como nas praças e ruas, com total e proposital desprezo ao texto padrão de "comissão de notáveis" nomeada pelo então Presidente da República.

O significativo avanço da participação popular levou o sociólogo Florestan Fernandes a dizer que se instaurou um processo de profundas e irreversíveis transformações sociais, ainda não perceptíveis a todos. O pró-

---

[2] JUAREZ FREITAS, "O Intérprete e o Poder de Dar Vida à Constituição", capítulo em obra *Direito Constitucional – estudos em homenagem a Paulo Bonavides*, Malheiros Editor, 2001, p. 234.

prio título de livro deste autor, "A Constituição Inacabada", revela idéia importante.[3] Em afirmativa semelhante, o Professor Juarez Freitas assinalou que:

"Reitero: as atualizações efetuadas pelo intérprete cioso de sua missão teleológica são as que precisam ser encaradas como prioritárias em nosso sistema, sobretudo quando reconhecemos que o juiz atua como o culminador do processo de positivação jurídica. Vai daí que precisamos confiar e outorgar ao intérprete, primacialmente, o papel de promotor das pontuais mudanças de nossa Constituição. O efeito altamente benéfico desta postura será um ganho sensível de previsibilidade jurídica, além de uma garantia de continuidade no mundo marcado pela mudança, signo inequívoco e irreversível da nossa época. Em paralelo, força ver que a idéia de revisão da Carta merece intelecção cabalmente restritiva, de sorte que no sistema brasileiro não devemos experimentar outra revisão, em sentido estrito. Ou seja, a que poderia ter sido feita, já o foi. Agora, há tão-somente o ensejo para reformas através do exercício do poder de emendar, ao lado das "mutações constitucionais" realizadas (parcimoniosamente) pela via interpretativa, ambas com o dever de não violar os chamados princípios sensíveis, entre os quais os direitos e garantias individuais. Tal prescrição surge como mera decorrência do preceito de que, ao hierarquizar, precisamos conferir, ao mesmo tempo, abertura e consistência à ordem constitucional. Com efeito, não há país,

---

[3] FLORESTAN FERNANDES. *A Constituição Inacabada*, Editora Estação Liberdade, São Paulo, 1989, em especial o capítulo sob o título "Os Subterrâneos não entram nas Enquetes", p. 31.

para permanecer na metáfora, que suporte trabalhar, permanentemente, com peito aberto. O Brasil vem suplantando, a duras penas, o martírio de um falso reformismo em profusão, daí seguindo a tendência altamente reprovável de trivialização do processo de emenda. Constata-se sob todos os índices, uma frenética inflação de medidas infraconstitucionais e, no mesmo diapasão, de propostas impensadas de emendas à Carta convivendo com poucas realmente inadiáveis. É lícito porém, esperar que este surto desmedido encontre paradeiro final no intérprete em seu exercício do indeclinável mister de atualizar e resguardar a vida, a unidade e a justeza do Estatuto Maior em suas vigas mestras. Revela-se essencialíssimo, quiçá mais do que em qualquer outro momento de nossa história, promover a *estabilizadora função simbólica da Carta*, intensificando o cuidado de conferir estabilidade ao sistema jurídico, no seu plano mais elevado, no afã de produzir uma consuetudinária reverência à Constituição, naquilo que se poderia considerar como o seu núcleo voltado à afirmação da dignidade humana e, pois, da transformação rumo à justiça material." (grifo atual).[4]

Neste rumo é de todo inoportuno o elevado número de seiscentos e quarenta e nove projetos de emenda constitucional que tramitam nas duas Casas do Congresso, como já denunciou o ilustre constitucionalista Paulo Bonavides.[5]

Melhor estaríamos acaso houvesse preocupação em manter o texto constitucional, aperfeiçoando-o e

---

[4] JUAREZ FREITAS, obra citada, p. 239.
[5] PAULO BONAVIDES, "A Globalização e a Soberania – aspectos constitucionais", *Revista do Tribunal Superior do Trabalho*, volume 67, número 1, jan/mar 2001, p. 131, texto relativo a palestra de Abertura do Primeiro Congresso Brasileiro de Direito Público.

superando-o, sem retrocessos a momento histórico inclusive anterior ao de 1988. É visível e claro o caminho proposto, também por Juarez Freitas, quanto ao papel dos "juízes constitucionais":

"que todos os juízes, sem exceção, precisam, acima de tudo, ser respeitados, fazendo-se respeitar como juízes constitucionais".[6]

1.2.3. Jurisdição e arbitragem

Juarez Freitas salienta que se adotou em nosso País o sistema da jurisdição única, inclusive como cláusula pétrea:

"A calhar, é hora de aduzir o terceiro preceito, é dizer, a diretriz interpretativa segundo a qual o intérprete precisa considerar; ampliativamente, o inafastável poder-dever de prestar a tutela, de sorte a facilitar; ao máximo, o acesso legítimo do jurisdicionado. Em outras palavras, trata-se de *extrair todos os efeitos da adoção, entre nós, do sistema de jurisdição única, uma vez que o referido sistema é cláusula pétrea, donde segue a intangibilidade do disposto no art. 5º, XXXV, da Constituição Federal*. Tal 'monopólio' do exercício da jurisdição não comporta flexibilização de qualquer espécie. Se ameaçado ou violado, estar-se-á perante uma clara e insofismável ofensa aos incisos III e IV do art. 60, § 4º, da Constituição. O Poder Judiciário é quem deve falar, por último, em matéria de controle da constitucionalidade. Portanto, são os juízes que determinam, em instância definitiva, qual o conteúdo, por exemplo, dos direitos e ga-

---
[6] JUAREZ FREITAS, obra citada, p. 248.

rantias individuais que não podem ser abolidos sequer por emenda constitucional. De outra parte, apenas ao juiz, ao exercer a tutela jurisdicional típica, incumbe dizer, por último, se o ato *interna corporis* de fato o é, lembrando que não existe, em tese e de modo apriorístico, ato exclusivamente político. Portanto, e a rigor, não há, em nosso sistema, ato absolutamente insindicável.

Destarte, se é seguro que devemos ser adeptos lúcidos da flexibilidade do pensamento sistemático, não menos seguro que devemos entender que o nosso sistema precisa ter partes imóveis (para lembrar, com ligeira mudança de acepção, a expressão consagrada de Wilburg), sendo que o caráter uno da jurisdição há de ser encarecidamente preservado como parte fundante e imóvel do sistema brasileiro. A não ser nestes moldes a Carta corre o risco de perecer, afetada em sua medula. Somente o Poder Judiciário exerce jurisdição, em sentido próprio, tanto em processos subjetivos como, concentradamente, em processos objetivos. Neste diapasão, embora a Lei da Arbitragem fale em juiz de fato e de direito, apenas os juízes exercem a função jurisdicional típica, não se devendo elastecer em excesso o conceito de jurisdição. Ora, em face de ser o juiz o detentor único da jurisdição, surge o *amplo e irrenunciável direito de acesso à tutela jurisdicional* como uma espécie de contrapartida lógica a ser profundamente respeitada, devendo ser proclamado este outro vetor decisivo no processo de interpretação constitucional: na dúvida, prefira-se a exegese que, amplie o acesso ao Judiciário, por mais congestionado que este se encontre, sem embargo das providências inteligentes para desafogá-lo, sobretudo coibindo manobras recursais protelatórias e estabelecendo que o Supremo Tribunal Federal deva desempenhar exclusivamente as atribuições relacionadas à condição de Tribunal Constitucional, sem distraí-lo com tarefas diversas destas, já suficientemente nevrálgicas para justificar a existência daquela Corte." (grifos atuais).[7]

A Lei da Arbitragem já foi a principal preocupação dos Juízes do Trabalho presentes em Congresso realizado em Fortaleza, em maio de 1997. Ali, chegou-se a aprovar proposta de ingresso em juízo questionando inconstitucionalidades em alguns aspectos da referida Lei e, acima de tudo, afirmou-se de sua quase inviável aplicabilidade aos conflitos trabalhistas.[8]

Juarez Freitas, na sexta conclusão de estudo já mencionado, logo após tratar do sistema de jurisdição única, reafirma o entendimento de que o intérprete constitucional deve buscar a *otimização máxima da efetividade do discurso normativo da Carta.*[9]

1.2.4. Algumas experiências

O Ministério Público, no Rio Grande do Sul, ajuizou Ação Coletiva de Consumo com Pedido de Tutela Antecipada contra autodenominada "Associação dos Juízes Arbitrais do Brasil". Após Inquérito Civil, interno, no qual foram ouvidos quase quarenta envolvidos e prejudicados, este Órgão afirmou, em 38 folhas, ter

---

[7] JUAREZ FREITAS, obra citada, p. 235.
[8] A sugerida ação de inconstitucionalidade terminou por não ser ajuizada por trocas de Diretorias das Associações Nacionais e debate sobre qual Entidade de Juízes deveria estar em juízo, ANAMATRA ou AMB. De qualquer modo, a Lei 9.307 não tem sido utilizada em conflitos trabalhistas com mais freqüência no País e em nenhum caso no Rio Grande do Sul, ao que se tem registro até o momento.
[9] JUAREZ FREITAS, obra citada, p. 247.

ocorrido "propaganda enganosa" e que o fornecimento de "carteiras profissionais" e "diplomas de cursos de conciliadores":

"apresenta enorme gravidade, pois repercute na imagem que os cidadãos formam dos órgãos e poderes antes mencionados,. Corre-se o risco de que os consumidores lesados, bem como as pessoas que compõem os seus círculos sociais, fiquem com a impressão de que o Estado teve participação no ocorrido, por compactuar com iniciativas como esta ora impugnada. Essa circunstância reafirma a necessidade de que a fraude perpetrada seja adequadamente reprimida".

Foi deferida liminar em maio de 2001, com inúmeras diligências e providências.[10]

Experiências bem diversas e ricas, pela efetiva contribuição para a vida das comunidades locais, existem nas cidades de Patos de Minas e Patrocínio, ambas em Minas Gerais. Nestas, os Juízes do Trabalho organizaram junto aos sindicatos instâncias conciliatórias prévias à judicial, não obrigatórias. São experiências com peculiaridades distintas entre si, sendo ambas anteriores às Leis 9.307 e 9.958. Nestas situações tratou-se, acima de tudo, de incentivar a participação dos jurisdicionados, especialmente, através das lideranças comunitárias e sindicais.[11]

---

[10] O processo tramita perante a 16ª Vara Cível, 2º Juizado, sendo a liminar proferida pela Juíza de Direito HELENA MARTA S.M. GIOSCIA, em despacho de duas folhas.
[11] Os Juízes do Trabalho que implantaram estas experiências ainda são titulares nestas Comarcas, Drs ANTONIO GOMES DE VASCONCELES e ALICE LOPES AMARAL.

1.2.5. Conciliação prévia e Justiça do Trabalho

O tema da arbitragem é delicado na esfera cível. No âmbito das relações do trabalho, a complexidade é ainda maior, de pouco valendo alguma generalização apressada das experiências antes relatadas.[12] Aqui, a disparidade entre os litigantes é a regra, além de bem mais acentuada. Estamos muito distante de relações de trabalho construídas em convívio democrático, com respeito às liberdades sindicais e, antes disto, com cumprimento das próprias leis trabalhistas. Neste quadro, a Lei 9.958, acaso interpretada sem maior cuidado, pode não contribuir para o aperfeiçoamento de nossas Instituições. Estes riscos já foram previstos pelo Corregedor do Tribunal Regional do Trabalho de São Paulo:

"*PROVIMENTO CR-55/2000*
Considerando
[...]
2. que não é possível impedir as partes de buscarem diretamente no Judiciário Trabalhista a solução de suas pendências, sob pena de ferir-se indelevelmente o disposto no artigo 5º, XXXV, da Constituição Federal;
[...]
4. que a lei não pode restringir aquilo que a Constituição Federal não restringe, não podendo estabelecer pressupostos processuais impeditivos de acesso à Jurisdição;
5. que, submetida a reclamação trabalhista ao Judiciário, o magistrado deverá instruí-la e julgá-la,

---

[12] No Congresso de Juízes do Trabalho realizado em Belém do Pará, em maio de 1995, as experiências pioneiras das duas cidades de Minas Gerais antes mencionadas foram dadas a conhecer, sendo enaltecidas por todos os presentes, sem que, por outro lado, se aprovasse qualquer proposta mais generalizante, salvo a de divulgá-las e melhor conhecê-las em suas especificidades, problemas e soluções.

independentemente da manifestação da Comissão de Conciliação Prévia, posto que a ela não está subordinado;
[...]
8. que as Comissões de Conciliação Prévias cobram de R$10,00 (dez reais) a R$300,00 (trezentos reais) para prestarem o serviço previsto na Lei nº 9.958, de 12 de janeiro de 2000, o que é mais um motivo para recorrerem as partes ao Judiciário para a solução de seus conflitos;
9. que o Juiz Trabalhista é o conciliador por excelência e a audiência de instrução e julgamento é o ato em que as partes, livremente, submetem à sua apreciação suas pendências,
RESOLVE:
Artigo 1º. Submetida a reclamação trabalhista ao Judiciário, deverá o magistrado instruí-la e julgá-la independentemente de manifestação de Comissão de Conciliação Prévia.
São Paulo, 20 de novembro de 2000.
Gualdo Formica
Juiz Corregedor Regional".[13]

Este Provimento terminou por ser revogado por ato do Corregedor do Tribunal Superior do Trabalho sob o argumento de ser "ilegal", sem nada referir quanto ao debate sobre a matéria constitucional.[14] De qualquer modo, o debate sobre as inúmeras controvérsias que surgirão quanto à aplicação da Lei 9.958 apenas começou e é bem distinto e mais grave daqueles contempo-

---

[13] Este ato foi publicado no DOE/SP 28/11/2000 – p. 132 (adm) e p. 184 (jud) tendo sido consultado através da Internet no site [www.trt2.gov.br] dia 01 de agosto de 2001, em atos da Corregedoria.

[14] O despacho do Ministro Corregedor-Geral da Justiça do Trabalho foi proferido nos da Reclamação Correicional, número TST-RC-177.201/2000.00, em que figura como autor o Sindicato da Micro e Pequena Indústria do Tipo Artesanal do Estado de São Paulo.

râneos a projetos de lei semelhantes, entre os quais do então Deputado Federal Victor Facioni,[15] alguns discutidos ainda ao tempo do anterior texto constitucional. Em estudo sobre a Lei 9.958, elaborado em conjunto com o colega Luiz Alberto de Vargas, analisamos e propusemos que:

"Entende-se que a Lei 9.958, sobre as Comissões Prévias de Conciliação, deve ter uma interpretação que se coadune com o texto constitucional, inclusive o artigo quinto, inciso XXXV, no sentido de que 'a lei não excluirá da apreciação do Poder Judiciário lesão ou ameaça de lesão'.

A afirmativa sobre a atualidade do artigo quinto, inciso XXXV, da Constituição Federal não afasta a crença de que a Lei 9.958 pode vir a contribuir para o aperfeiçoamento das instituições, acaso interpretada e aplicada com cuidado. Acredita-se que as partes buscarão as conciliações perante estas na medida em que as mesmas adquiram credibilidade social, sendo certo que esta dependerá fundamentalmente de uma firme aposta das entidades representativas de trabalhadores e empregadores e de uma atitude adequada do Poder Judiciário, simultaneamente de tolerância com os naturais equívocos iniciais de uma experiência inovadora mas também de vigilância e atenção, para que não haja desvirtuamento dos propósitos da conciliação extrajudicial.
[...]

---

[15] Naquele outro momento anterior, em que não eram tão intensos e nem mesmo visíveis os riscos de iniciativas privadas desvinculadas de qualquer interesse público, houve manifestação da ilustre ADA PELLEGRINI GRINOVER no sentido de que poderia haver constitucionalidade em leis que apenas adiassem e condicionassem o direito de ingresso em juízo, de qualquer modo assegurado para instante posterior.

Considera-se, independentemente da compreensão sobre inconstitucionalidade ou não da existência de pré-requisito para ingresso em juízo, ser oportuno que, por ora, sempre que arguida a preliminar de impossibilidade de prosseguimento da reclamatória se tomem as seguintes medidas:
a) registrar as propostas conciliatórias de ambas as partes, inclusive daquela que sustentou a necessidade de reunião prévia de conciliação;
b) expedir ofício para a Comissão Prévia de Conciliação indicada, com cópia da ata e das Procurações, para eventuais providências, com prazo razoável para que a Comissão possa exercer sua atividade;
c) adiar a primeira audiência para prazo razoável, entendendo-se, então, prejudicada a preliminar, havendo ou não a conciliação."[16]

O Juiz do TRT de São Paulo Rafael E. Pugliese RIBEIRO, na condição de Relator, em um dos primeiros Acórdãos de Tribunal Regional do Trabalho sobre o tema, afirmou que:

"É fora de dúvida a conveniência social de se incentivarem mecanismos idôneos de autocomposição dos dissídios, pelos quais os sujeitos estariam aptos a definir, pela livre disposição da própria vontade, a melhor SENTENÇA que lhes sirva ao interesse. Há nisto uma tendência internacional e uma reflexão já bastante sedimentada de sua importância histórica, bastando citar a Recomendação nº 94 da OIT, que é de 1952. O momento histórico e cultural não permite apologia contra as fórmulas autocompositivas.

---

[16] Este estudo foi apresentado no XV Encontro dos Juízes do Trabalho no Rio Grande do Sul, organizado pela AMATRA/RS e realizado em Caxias do Sul, em 2001.

Mas o que se põe em debate nestes autos não é a importância da nova lei, senão o LIMITE em que se pode transitar para ESTIMULAR os sujeitos à adoção de uma via não jurisdicional de solução dos dissídios. Até que ponto se pode caminhar nesse território, encontrado-se termo médio e racional entre a completa inação (deixa-se tudo como está) e a incondicional imputação de uma obrigatoriedade (subtrai-se a liberdade de escolha) para a tentativa conciliatória – é isto que se deve aqui considerar.

[...]

A ausência de tentativa conciliatória extrajudicial fica então suprimida pela tentativa conciliatória judicial. E não se poderia falar em nenhum tipo de nulidade, porque o nosso sistema se orienta pela teoria objetiva do nulo."[17]

1.2.5. Conclusão

A Constituição de 1988 caracterizou-se por ter sido elaborada em clima de intensa participação popular da sociedade organizada. A sua defesa é tarefa de todos e estará melhor garantida se tivermos um Poder Judiciário atento a este quadro.

A Constituição de 1988 adotou o sistema de jurisdição única estatal. As experiências realizadas a partir das Leis 9.307 e 9.958 devem estar em consonância com o texto maior.

---

[17] O Acórdão mencionado é da 6ª Turma do TRT de São Paulo, tendo o número 20010022150 e sua data é 30 de janeiro de 2001. Medite-se que se trata de debate que ocorre não somente em nosso País, valendo lembrar que a Lei n° 446 de 1998, tratando do mesmo tema, teve vários artigos declarados inconstitucionais pela Corte Constitucional da Colômbia, registrando-se consulta ao Site [www.ramajudicial.gov.co/himpermedios/laboralc/abc_i.htm] em 02 de novembro de 2000.

Poderão ser salutares as tentativas de arbitragem e conciliação fora da esfera judicial e mesmo estatal, desde que garantida a fiscalização da atuação destes outros órgãos, seja pela comunidade organizada e pelo próprio Estado através do Poder Judiciário, preservando-se, sempre, a possibilidade de apreciação judicial de seus atos.

Acrescente-se que estas outras experiências terão maior credibilidade institucional e mesmo legitimidade social na medida em que sejam facultativas, incentivem a participação popular da sociedade organizada e estejam isentas de fraudes, pouco lhes servindo a imposição autoritária de que sejam instâncias prévias obrigatórias para ingresso em juízo.

Os espaços não-estatais de administração da Justiça devem ser construídos sem que esqueça o alerta do conhecido historiador Leo Huberman, apontando o relato de Arthur Morgan sobre como os indianos pegam macacos:

> "segundo a história, tomam de um coco e abrem-lhe um buraco, do tamanho necessário para que nele o macaco enfie a mão vazia. Colocam dentro torrões de açúcar e prendem o coco a uma árvore. O macaco mete a mão no coco e agarra os torrões, tentando puxá-los em seguida. Mas o buraco não é bastante grande para que nele passe a mão fechada, e o macaco, levado pela ambição e gula, prefere ficar preso a soltar o açúcar." [18]

---

[18] LEO HUBERMAN, "História da Riqueza do Homem", LTC Editora, Rio de Janeiro, 21ª edição, 1986, p. 303.

— 2 —
Sumaríssimo

2.1. Primeiro ano de Sumaríssimo*

Ricardo Carvalho Fraga
Maria Madalena Telesca

A expectativa era muito grande e apostava-se que mais de 50% das ações trabalhistas adotariam esse procedimento e teriam solução rápida. Na prática, no Rio Grande do Sul, atingimos mais de 30% das ações ajuizadas, submetidas ao rito sumaríssimo, desde março de 2000.

Um percentual bastante expressivo dessa ações foi resolvido através de conciliação. Certamente em decorrência do valor menos elevado (até 40 SM) e da célere tramitação na primeira instância, prevista no art. 852A e seguintes da CLT.

Interessante registrar que os Juízes do Trabalho gaúchos decidiram, depois de um Seminário onde a nova lei foi amplamente discutida, permitir a emenda da petição inicial, possibilitando que todos se adequassem à nova lei e ainda evitando a extinção do processo que teria como única conseqüência o ajuizamento de uma nova reclamatória trabalhista pelo autor, com o mesmo objeto, já na semana seguinte.

* Também dos mesmos autores, existe análise deste novo rito no Capítulo 4 - As Reformas Processuais, sob o título "4.1. Os Alicerces Devem Ficar".

Para o sucesso da nova lei processual era e é necessária uma nova mentalidade das partes, com espírito conciliador, dos procuradores e dos magistrados de todas as instâncias. Esse espírito, de certo modo, esteve presente em todos os profissionais do nosso Estado.

Ainda não temos uma definição de como os Tribunais Regionais, e eventualmente, o Tribunal Superior do Trabalho, compreenderão o tema, eis que recursos contra as primeiras Decisões já começam a ser apreciados.

Se os Tribunais forem impregnados do mesmo espírito inovador, contribuirão com a nova realidade e valorização do trabalho de todos, em especial do Judiciário Trabalhista. Também estarão prestigiando uma nova postura na relação empregado-empregador, com ênfase na solução rápida, ainda que através de conciliação, preservando a intervenção do Estado e resgatando, em qualquer hipótese, a confiança do obreiro, no sentido de que em causas menos complexas (ou de menor valor) a resposta do Judiciário, favorável ou não, virá de imediato.

Se outro for o entendimento, muitas controvérsias poderão emergir, tais como muitos assuntos pontuais específicos acerca da interpretação da nova lei. E, via de conseqüência, agravar-se-á, mais ainda, o problema crônico do Poder Judiciário, que é a morosidade processual. Tudo isso foi objeto de uma discussão mais aprofundada entre os profissionais do Direito do Trabalho no Estado, em Debates sobre 1 ANO DE SUMARÍSSIMO, promovido pela AMATRA IV.

2.2. Falácia da simplicidade objetivamente determinável

Ricardo Carvalho Fraga
Luiz Alberto de Vargas

A recente aprovação do projeto de lei que adota o procedimento sumaríssimo para causas não superiores a quarenta salários mínimos a todos surpreende e/ou preocupa, no mínimo. Sem uma discussão prévia e profunda com os setores interessados, o Governo Federal enviou o projeto ao Congresso Nacional, no bojo de um conjunto de alterações legislativas que, em outro momento, se apontou como o jogo dos sete erros (texto sob o título "Sete Erros", Revista de Jurisprudência, nº 177 de 1998, HS Editora, Porto Alegre, p. 90).

O Congresso Nacional, também sem permitir um maior debate, entendeu de aprovar a proposta com inusitada rapidez. Os questionamentos mais intensos ocorreram em torno da penalização dos reclamantes com pagamento de custas, na mesma e única semana em que os Presidentes das duas Casas Legislativas trocavam ofensas através da grande imprensa. Hoje, resta-nos sofrer as conseqüências deste fato consumado.

Por certo, o processo trabalhista merece reformas - e sugestões nesse sentido tem sido reiteradamente apresentadas aos Congressistas pelos juristas e pelas Entidades representativas da comunidade trabalhista. Nenhuma dessas sugestões foi acolhida pelo Parlamento, todavia. Por isso, a aprovação repentina de tal legislação gera, em todos os operadores do Direito, uma cruciante dúvida sobre a operacionalidade de alguns de seus dispositivos.

Em uma análise meramente inicial, pode-se, de plano, identificar a idéia-motriz do projeto aprovado, ou seja, partindo de um saudosismo algo ingênuo, seus autores concebem a Justiça do Trabalho como destinada a ser, precipuamente, a Justiça de Pequenas Causas, de natureza basicamente conciliatória, de procedimento simplificado, oral e de solução rápida. *Esta é a concepção original de 1943 e tem o encanto das fórmulas simples e puras, que tendem a denunciar como impostura uma suposta complexidade da vida.*

Seria maravilhoso que a problemas complexos se pudessem dar sempre soluções simples, negando-se apenas que a complexidade efetivamente exista. O Juiz do Trabalho em Uberlândia César Machado, em discussões da Associação Nacional dos Magistrados do Trabalho e Associação dos Magistrados Brasileiros, via listas na Internet, apontou a lembrança de Pontes de Miranda, quando disse "da ingenuidade ou a indiferença dos legisladores pelo conteúdo das regras jurídicas, inclusive constitucionais, dando como exemplo a Constituição Espanhola, na qual um dos artigos dizia que os espanhóis, a partir daquele dia, seriam 'buenos' (Comentários à CF de 1969, VI, p. 348). Agora, como passe de mágica, teremos uma Justiça do Trabalho 'buena', pois os julgamentos serão feitos em 15 dias! E os milhares de processos em cada Vara, que recebemos anualmente? E a execução, inclusive das contribuições previdenciárias, será feita em quanto tempo? Também em 15 dias?"

Infelizmente, a crescente complexidade do processo trabalhista é um fato e decorreu da transformação da relação de emprego, além da própria legislação trabalhista. Nesse sentido expressou-se Tadeu Alkmim, Presidente da Associação Nacional dos Magistrados do Trabalho, ao afirmar que "As relações de trabalho estão cada vez mais multiformes e os processo, mais complexos, mesmo em causas de baixo valor" (Gazeta Mercantil de 08 de fevereiro de 2000).

Para exemplificar o equívoco da lei, basta citar o dispositivo que exige que a sentença (e, evidentemente, também o acórdão em caso de recurso), seja líquida e, preferentemente, prolatada em audiência. Sem atentar para a complexidade contábil da relação de emprego e, por decorrência, do Direito Processual do Trabalho, a lei aprovada parece esquecer que, hoje, um simples cálculo de horas extras ou de reajustes salariais deixou de ser uma simples operação aritmética, embrenhando-se em complicadas fórmulas matemáticas que exigem das empresas, a montagem ou a contratação de escritórios de contabilidade especializados.

Seria milagroso descobrirmos que todo esse trabalho em calcular, parcela por parcela, o crédito de cada empregado não passa de inútil perda de recursos e de tempo por parte de sindicatos, empresas e do próprio Judiciário. Com base em alguma fórmula mágica, talvez, se poderia resumir tudo nas quatro operações matemáticas básicas e não consumiria mais do que alguns minutos da audiência, nem demandaria equipamento mais sofisticado do que uma calculadora manual.

Estaria banida, assim, de uma vez por todas, da Justiça do Trabalho essas atuais intermináveis discussões, as quais se mostrariam, de pronto, completamente estéreis, sobre critérios de competência ou caixa para aplicação de correção monetária aos débitos trabalhistas, contagem de minutos para cômputo de horas extras, critérios para descontos de débitos previdenciários, compensação de reajustes salariais concedidos a destempo, critérios para integração de horas extras pagas, cálculo de repousos trabalhados, etc. Seria o fim de todos os embargos de execução e todos os agravos de petição que, hoje, entravam o andamento das execuções, pois, instantânea e definitivamente, o Juiz do primeira instância resolveria todas essas intrincadas questões contábeis em plena audiência, resumindo tudo em um valor líquido que se expressaria na sentença, esta igualmente enxuta e isenta de maiores complicações.

Por outro lado, sim, é verdade que a Justiça do Trabalho pode ser considerada como uma Justiça de Pequenas Causas. Em recente pesquisa realizada por amostragem em Porto Alegre, pelo Juiz do Trabalho Francisco Rossal de Araújo, constatou-se que cerca de 80% dos processos que ali tramitam têm valor inferior a 40 salários mínimos. Verificou-se que, ao final do ano passado, em três Unidades Judiciárias, pesquisadas, quase 90% dos acordos estavam dentro deste limites e, no mínimo, dois terços dos Alvarás expedidos eram deste valor inferior, já considerados os parcelamentos dos pagamentos.

Duas considerações, entretanto, devem ser apresentadas: a) quarenta salários mínimos (R$ 5.440,00) não é um valor desconsiderável, mormente para pequenas e médias empresas ou, com muito maior razão, para um trabalhador; e b) o valor econômico de um processo nem sempre tem correspondência com sua complexidade ou relevância social.

Processos de escasso valor podem ser de vital relevância para as partes ou podem conter uma insuspeitada relevância social. Por exemplo, imagine-se um processo de anulação de punição por falta injustificada de um trabalhador estável. Temos aí um processo que não envolve mais do que alguns reais, mas que, em hipótese nenhuma, se pode resolver satisfatoriamente com base em uma sobrevalorização dos conceitos processuais tradicionais de concentração, oralidade e conciliação.

Ademais, a pequena expressão econômica de uma causa, ainda que possa ser motivo para uma simplificação de procedimento, não pode ser justificativa para supressão das garantias processuais do jurisdicionado e, por óbvio, não deveria ser elevada a critério único para definição do rito. Além de possíveis e eventuais questionamentos sobre a constitucionalidade de um procedimento menos garantista com base em diferenciação pelo valor da causa, a implementação prática dos dispositivos de lei pode ser muito gravosa para o jurisdicionado. Assim, o direito à ampla defesa pode ser atropelado em caso de que uma interpretação demasiado respeitosa ao texto da lei leve a uma obsessão por cumprir, "ao pé da letra", os exíguos prazos processuais nele previstos.

Pois, concretamente, um processo sumaríssimo deverá ser incluído em pauta inicial de, no máximo quinze dias e, se não for possível que o processo seja instruído e julgado nessa mesma audiência inaugural, uma nova audiência deverá ser designada para prazo breve, de modo que se respeite o prazo máximo de quarenta e cinco dias entre o ajuizamento e a sentença (15 dias mais 30 dias).

Transparece um claro desconhecimento da atual realidade vivida pela primeira instância trabalhista. Nas grandes cidades, é praticamente impossível garantir que os serviços normais de correio façam chegar ao destinatário uma notificação postal e dele retornar o AR (aviso de recebimento) em menos de 15 dias. Assim, o mais provável é que a boa parte das audiências inaugurais onde uma das partes não comparece tenha de ser adiada por falta de devolução do AR. Ou que essas audiências se realizarão sem nenhuma segurança de que a parte ausente tenha sido notificada.

Da mesma forma, trinta dias de interregno entre audiências é absolutamente insuficiente para intimar e/ou conduzir testemunhas e/ou realizar perícias técnicas, as quais, eventualmente, necessitarão complementação.

Não é preciso, ainda, que se fale das muitas diligências, tais como, inspeções, ofícios, testemunhas do Juízo, cartas precatórias, que, por imprescindíveis ao esclarecimento da matéria versadas nos autos, terminam por adiar a solução dos feitos. Todas essas providências, as quais não podem mais ser elencadas como excepcionais, e que constituem, hoje, a rotina no atual processo do trabalho, simplesmente não teriam cabida no processo sumaríssimo, a aplicar-se rigorosamente os prazos previstos na nova lei.

Tudo parece indicar que o destino da nova lei seria o mesmo triste fim de outras normas que pretendem negar as dificuldades próprias da vida, ou seja, a derrogação na prática. Para tanto, o próprio texto legal já prevê uma saída, que seria a justificação de motivo relevante para não-cumprimento dos prazos, a ser lançada pelo juiz nos autos (§ 7º do art. 852H).

O novo procedimento também propõe algumas missões impossíveis também para as partes. Assim, pode-se elencar entre as possíveis dificuldades práticas de cumprimento da nova lei, a exigência de que a parte, surpreendida pela apresentação de documentos, deva se manifestar na própria audiência. *Certamente em caso de documentação copiosa, o juiz deferirá prazo para manifestação, de forma que não se violente o direito de defesa da parte e até mesmo como resguardo de sua restante pauta do dia, o que implicará a suspensão da audiência.*

Outro ponto concreto de dificuldade é a exigência de que o pedido inicial seja certo ou determinado, além de líquido. Parte-se do pressuposto de que é possível, em todas as causas não superiores a 40 salários mínimos, calcular com precisão todos os pedidos formulados, o que, em muitos casos, não é verdadeiro.

Ademais, se associarmos a concentração das fases de instrução e de liquidação em um procedimento concentrado e sumário às exigências de prazos exíguos, estaremos diante de uma situação potencialmente incontornável. Considerando que a sentença necessariamente deverá ser líquida e descartada, por falta de tempo, a possibilidade de uma pré-liquidaçäo contábil parece inevitável a transferência para as partes dos ônus de cálculo detalhado e preciso dos valores postulados ou pagos, com o fim da tolerância do Juiz com valores estimativos ou parciais.

Medite-se, assim, sobre a extrema dificuldade que terá um empregado para calcular, uma a uma, todas as horas extras que laborou no período contratual não prescrito, que pode chegar a cinco anos. Da mesma forma, para a empresa, será muito contraditório apresentar, desde a contestação, alternativas de cálculo que ofereçam ao julgador outras possibilidades de homologação de valores devidos além dos apresentados pelo reclamante na inicial. Pois é um fato da vida que, existindo somente uma alternativa de cálculo, são consideráveis as possibilidades que esta seja elegida como esboço da sentença líquida.

É provável, então, que nenhuma das partes tenha demasiado interesse nas novidades que a nova lei apresenta. *Cumpre, de qualquer modo, por outro lado, aos operadores do direito não aceitar, passivamente, a derrogação prática da nova lei e se há de fazer um esforço interpretativo para tornar a nova lei aplicável e, assim, salvar o que de bom nela existe!*

Existem, sim, existem boas inovações no procedimento sumaríssimo e há se de reconhecer suas boas intenções de agilizar o processo. Assim, um reforçado poder de direção processual do juiz, a redução do número legal de testemunhas, a exigência de comprovação de que a parte tenha convidado a testemunha ausente como requisito para que esta seja intimada ou conduzida, a simplificação da sentença com a dispensa do relatório, a manutenção da sentença de primeira instância por seus próprios fundamentos dispensando a lavratura de acórdão.

Algo neste sentido ou mesmo uma nova visão é cada vez mais necessária, como tentou-se demonstrar em recente estudo sob o título "Fatos e Jurisprudência - Reflexões Iniciais", Suplemento Trabalhista LTr, nº 117/99, bem como Revista Síntese Trabalhista, 1999, destes mesmos autores. Tudo isso importa em aspectos positivos e representa, no mínimo, uma saudável tentativa de retirar os processos realmente simples da trilha, até então aparentemente inevitável, da transformação do processo trabalhista em um clone do processo civil, que persistiria para os demais. (Note-se bem: os processos realmente simples, não meramente aqueles de pequeno valor econômico!).

Cabe, então, a todos uma tentativa de tornar viável a idéia original da lei, que é a dispensa de procedimentos formais desnecessários para processos simples.
O problema fundamental é: como é possível determinar-se qual seja o processo simples, se o valor econômico é inapropriado para tanto? A adoção de critérios exclusivamente objetivos não foi o melhor caminho.

Por certo, toda medida destinada à simplificação do processo tem um inevitável custo em termos de segurança. Em outro momento, anterior, em debates semelhantes, dissemos que a concessão de prazo razoável às partes - não apenas à defesa, note-se - para se manifestar sobre todos os atos processuais relevantes garante o contraditório e, assim, que a decisão seja conseqüência de amplo debate no processo. Assim, os prazos não podem ser exíguos, o que os tornaria inócuos, simples arremedo de contraditório (Luiz Alberto de Vargas e Ricardo Carvalho Fraga. "Radicalidade democrática, Estado e Poder Judiciário, caminhos da participação popular", in: Democracia e Direito do Trabalho, 1995, LTr, São Paulo, p. 97).

É preciso estar atento até onde medidas simplificadoras podem ter um efeito demasiadamente prejudicial à melhor cognição judicial ou aos interesses processuais das partes. Pensar ser assumível um risco maior para processos de menor relevância econômica somente pode ser justificado até certo ponto. A par das indispensáveis garantias processuais do jurisdicionado, outra questão se deve ter precipuamente em conta: a valorização que a própria parte faz de seus interesses processuais.

Assim, dentro de uma visão processual mais democrática, a própria parte é, por assim dizer, dona de seu próprio processo, tendo autonomia para decidir, em boa parte, qual o caminho mais apropriado que este deve seguir, de acordo com suas próprias conveniências. Deveria ser somente opção própria e consciente da parte aceitar trocar parte da segurança processual por um procedimento mais rápido.

Deveria caber à parte demandada apenas impugnar quando houvesse interesse em um rito com maior liberdade de provas e, jamais, quando o contrário. Competiria ao juiz, em todos os casos, controlar o andamento do processo, evitando dilações impróprias ou procedimentos temerários por parte das partes, que configurariam um abuso de seus direitos processuais. Assim, parece muito pouco democrático que o legislador opte por um regime simplificado obrigatório, - independentemente da vontade das partes -, impondo tal procedimento na suposição de que este seja objetivamente mais favorável aos interesses dos demandantes. O equívoco de equiparar a causa de pequeno valor com processos simples leva à falácia do interesse processual objetivamente determinável.

Talvez pudéssemos imaginar que já vivemos os dias em que o Estado garante uma "democracia possível", desde logo, abdicando de garantir a prestação jurisdicional mais ampla a todos. Mas, enfim, este é outro e profundo debate. *Por ora, parece de todo conveniente uma solução de compromisso através da busca de uma interpretação da lei que a torne operacional e, ao mesmo tempo, preserve o interesse processual das partes, o máximo possível.* Dentro desta interpretação possível, há que se buscar a celeridade e o respeito ao inciso XXXV do artigo 5º da Constituição de 1988 sem que se limite a expressão "apreciação do Poder Judiciário".

Há de se considerar que o grande interessado na agilização do feito seja o autor e, portanto, cabe a este avaliar, de acordo com sua estimativa dos riscos implicados, da conveniência de propor a manutenção ou não do rito sumaríssimo, em causas que, embora tenham valor não superior a quarenta salários mínimos, sejam mais complexas ou recomendem um procedimento de cognição menos acelerado. Dessa forma, o reclamante, já no ajuizamento da demanda, poderia manifestar seu entendimento sobre a compatibilidade ou não do processo com o rito sumaríssimo, cabendo ao juiz, após a oitiva da parte contrária, deferir, se for o caso, a transformação do procedimento em ordinário. Em função do consenso das partes pela conveniência de um procedimento ordinário, parece pouco visível algum suposto interesse público de adoção de procedimento sumaríssimo que devesse ser preservado pelo juiz. Medite-se que a "absoluta impossibilidade" (artigo 852-H, § 1º) de exame de certos documentos já é previsível desde antes, em muitos casos.

Em tal linha de raciocínio, teríamos uma perfeita distribuição dos processos conforme sua complexidade (e não por seu valor), de acordo com avaliação das próprias partes interessadas: para as causas simples e de valor inferior a 40 salários mínimos, o procedimento sumaríssimo; nas demais, o procedimento ordinário.

Poder-se-ia, mesmo, pensar em um avanço ulterior. Para as causas especialmente complexas (que se poderiam equiparar às do processo civil), não é demasiado pensar-se novamente antiga proposta de modificação legislativa que introduzia a defesa em cartório e que poupasse partes e procuradores de comparecer a audiências iniciais inteiramente desnecessárias. Para tanto, recordamos, inicialmente, o texto publicado em conjunto com o Juiz do Trabalho José Felipe Ledur, *in: Modernização do Direito Processual do Trabalho*, LTr, 1999 e mais recentemente Claudio Scandolara, *in: Continuando a História*, LTr, p. 220. Esta alternativa seria, ao menos para os processos ditos ordinários e, como faculdade do juiz, sempre que não houvesse pauta disponível para as reclamatórias do rito sumaríssimo, o que poderá ocorrer em futuro não distante.

Talvez, ao fim de tudo, se descobrisse que uma das maiores razões pelas quais a desejável audiência una para os processos simples não se torna operativa é exatamente o excesso de audiências inúteis que atravancam as pautas de instrução e julgamento.

— 3 —
Novas posturas Judiciais

3.1. Fatos e jurisprudência - reflexões iniciais

Ricardo Carvalho Fraga
Luiz Alberto de Vargas

3.1.1. Jurisprudência e revisão

O Poder Judiciário como um todo e o Judiciário Trabalhista em particular têm sido alvos de constantes ataques por parte da imprensa, mas nenhum deles é mais eficiente do que a acusação de que os processos *demoram tempo demasiado.* A eficiência decorre de um fato singelo: é verdade!

Ainda que os juízes sejam uns dos menores responsáveis pela morosidade, deve-se reconhecer que o tempo que um processo trabalhista demora é excessivo e, considerada a natureza alimentar dos bens em disputa, inaceitável. Em várias Regiões do País, em média um processo demora um ano na primeira instância, o que, se está muito longe de ser rápido, não se pode entender como demasiadamente longo, porém nos julgamentos de recursos ordinários os prazos ultrapassam muito um ano.

A revisão de uma sentença parte, ou deve partir, de um trabalho já realizado pela primeira instância, que enfrentou o exame da prova, delineou as questões jurídicas em debate, encontrou uma razão de decidir e se posicionou sobre os valores em conflito. O acórdão não é, ou não deveria ser, o refazimento de tal trabalho, mas exatamente a revisão de alguns pontos de um trabalho jurídico já existente. Acrescente-se que no segundo grau não há audiências, nem testemunhas, nem perícias, nem despachos interlocutórios. Também não se diga que a decisão de segunda instância é mais "aprofundada" do que a da primeira instância. Muito pelo contrário, processualmente, a sentença de primeiro grau baliza a decisão de segundo grau, no sentido de que esta concorda ou discorda da primeira; acresce ou retira itens da sentença recorrida; endossa ou não argumentos jurídicos trazidos pelo juiz de primeira instância ou pelas partes.

O acórdão analisa apenas alguns aspectos da sentença, talvez os mais relevantes, socialmente, ou seja, aqueles que foram objeto do recurso, salvo os recursos de ofício, os quais já são questionados nos debates constitucionais sobre reformas do Poder Judiciário. Esses pontos destacados pelas partes tendem a ser repetidos em todos os recursos. *O trabalho de segunda instância, assim, torna-se muito mais importante quanto à fixação de orientação jurisprudencial* sobre pontos que as partes transformaram, por força da repetição, em matéria de interesse geral do que seria a simples revisão, caso a caso, dos aspectos tornados controvertidos em cada sentença.

Neste trabalho de padronização, os tribunais se alimentam do trabalho pioneiro dos muitos mais numerosos juízes de primeira instância, os quais primeiramente enfrentaram a matéria e, assim, preparam o caminho para a construção desta síntese jurisprudencial.

Deste modo, urge um debate mais profundo sobre a melhor concepção da natureza do procedimento revisional. Desde logo, assume-se o risco de afirmar que a revisão da sentença não é o refazimento da mesma como se a Turma do Tribunal se transformasse em juiz singular. Antes de tudo, porque essa transmigração é impossível. Por melhor que os registros de ata reproduzam os depoimentos de partes e testemunhas, jamais poderão transmitir a realidade complexa ocorrida na sala de audiência que somente o juiz, *in loco*, pode captar.

3.1.2. Máquinas e computadores

Mesmo que as audiências fossem gravadas em vídeo e áudio, não seria possível superar, através de tais tecnologias, o distanciamento inevitável da verdade que somente com o contato interpessoal, face a face, se pode atingir. Além disso, a sentença não pode dizer tudo, ou quase diz nada, porque não pode reproduzir fielmente o contexto de onde foi produzida, ou seja, *qual a natureza verdadeira, humana, do conflito e quem são exatamente os personagens que compuseram o drama que desemboca em um processo*. Não fossem esses fatores essenciais para o julgamento de uma lide, melhor seria a substituição de todos os juízes, seja de primeiro ou segundo grau, por computadores de última geração, muito mais rápidos e isentos de "falhas" à luz de algum tecnicismo desumanizador.

Não se pode cometer a injustiça de pensar que exista claramente uma concepção, sobre o papel das diversas instâncias de julgamento, que busque transformar os juízes de primeiro grau em simples carimbadores de decisões padronizadas, uma espécie de *longa manus* dos verdadeiros juízes: os de instância superior. Tampouco, se acredita que exista juiz de segundo grau em nosso país que ainda esteja emocional e psicologicamente preso às suas antigas funções de primeiro grau, quanto à instrução da prova, diligências procedimentais, bem como aquelas relativas ao exame de cada questão fáctica inclusive de menor conseqüência processual.

Efetivamente, estamos diante de um debate poucas vezes enfrentado com a definição das exatas finalidades e pressupostos filosófico-jurídicos de cada julgamento, valendo como exemplo, quase único, o belo e rico texto da Juíza do Trabalho de Campinas Fany Fajerstein sob o título "A Causa e a Greve: um Problema de Epistemologia Jurídica", publicado in: *Democracia e Direito do Trabalho*, Editora LTr, Coordenador Luiz Alberto de Vargas.

Acredita-se que o julgamento de segunda instância não pode importar em "zerar" o trabalho do primeiro grau, mas essencialmente em revisar esse trabalho, apoiando-se nele e, principalmente, *respeitando e construindo o espaço de atuação e decisão próprio de cada instância*. Não se deve transformar o juiz de primeira instância em "cérebro auxiliar" dos tribunais.

Não é razoável esperar-se que juiz de primeiro grau deva "pensar" de acordo como pensaria o juiz de grau mais elevado, o qual, por sua vez, por ocasião do Acórdão, deveria transportar-se mentalmente, no tempo e no espaço, a fim de proferir uma nova sentença, tal como o faria se fosse, em tal época e lugar, o juiz de primeiro grau. Esse "deslocamento espaço-temporal", que não se defende, até porque seria impossível, seria tão mais facilitado quanto mais "fiel" fosse o juiz de primeiro grau aos valores e aos conceitos dos tribunais ou mesmo "incorporasse" o "espírito" do pensamento dominante nos tribunais, o que, de qualquer modo, seria mais fácil se houvesse apenas um.

3.1.3. Revisão e equilíbrio social

Em uma análise mais geral, percebe-se que se tem multiplicado decisões de segundo grau que anulam todo o processado, com todos os prejuízos irreparáveis que isso representa, simplesmente porque se o juiz de segundo grau estivesse no lugar do juiz *a quo* agiria diferente. *A situação tem se agravado a tal ponto que na Reforma do Poder Judiciário, em um dos Sub-Relatórios,* que antecederam o Relatório do então Deputado Federal Aloysio Nunes Ferreira, de autoria do Deputado Federal José Roberto Batoquio, constou que: "ao reformar decisão o tribunal deve resolver o mérito, mesmo que a decisão recorrida se tenha omitido sobre as alegações das partes ou seja nula, ressalvada a necessidade de produzir-se prova".

Mesmo quanto à prova, certa peculiariedade deve ser considerada. Indeferir uma testemunha da parte não significa necessariamente cerceamento de prova se o conjunto probatório já está fartamente delineado. Seria preciso acreditar que a testemunha traria tamanha contrariedade ao conjunto probatório que abalaria completamente a convicção de algum juiz. Tal prova, da extremada relevância da testemunha não ouvida, deve ser robusta e incumbe à parte que alega. Não se pode presumir que a testemunha não ouvida, potencialmente, traria elementos novos e imprescindíveis ao feito, sem qualquer necessidade de prova, admitindo-se com isso que o juiz de primeira instância exorbitou.

Na maioria esmagadora dos casos, quando o processo retorna para nova instrução, ou a parte desiste da oitiva da testemunha, ou seu depoimento se mostra irrelevante. A parte, enfim, conseguiu o que pretendia: procrastinar o feito. Parece bem fácil entender a raiz psicológica de tais anulações: a testemunha que não se ouve, sai das possibilidades cognitivas do juiz de segundo grau! Trata-se de um caso em que o "cérebro auxiliar" age "infielmente", sonegando elementos de convicção ao juiz "deslocante" de segundo grau, quando este for realizar seu trabalho de "revisão/desconstrução" da sentença de primeiro grau.

3.1.4. Tribunais e celeridade

A reforma de qualquer decisão judicial, mesmo de primeiro grau, produz um certo desequilíbrio social e gera uma incerteza jurídica. Sendo assim, *as razões jurídicas de reforma deveriam ter tal transcendência que suplantassem as da decisão do primeiro grau*, a ponto de justificar o rompimento do equilíbrio produzido pela decisão revisanda. A mencionada incerteza se expressa concretamente na comunidade onde a sentença deverá ser executada. Num contexto em que somente algumas sentenças serão recorridas, fica evidente o desequilíbrio produzido pela reforma. Reformada deveria ser a sentença que não resolvesse razoavelmente a demanda, que aplicasse mal a lei ou contrariasse jurisprudência dominante do Tribunal.

Em realidade, *cada vez mais, em todo mundo desenvolvido vem se impondo um novo trabalho aos Tribunais*. Como o julgamento de "todos os casos" é impossível, o julgamento do Tribunal deve ser, cada vez mais, um julgamento exemplar, que busque formar e cristalizar uma orientação jurisprudencial.

Discute-se muito o paradigma da Suprema Corte americana, que se exime de julgar todos os casos, mas que escolhe escrupulosamente que casos elegirá para serem modelares para toda a jurisprudência estadounidense. Na Europa, também, cada vez se discute mais sobre o esgotamento da capacidade operativa dos Tribunais Constitucionais para darem conta de todas as questões de constitucionalidade. A experiência recente da Itália parece indicar que, cada vez mais, a solução é tornar o juiz de instâncias inferiores mais responsável pela decisão, remetendo-se a ele a decisão dentro de determinados parâmetros e reservando-se a decisão pelo Tribunal Constitucional para casos especiais.

Na medida em que avance nestes novos rumos *melhor o primeiro grau poderia cumprir seu papel e compreender o efetivo papel dos Tribunais*, quanto à formação e cristalização da jurisprudência, inclusive com a edição de súmulas, as quais, certamente, passariam a representar apenas a cristalização de alguma jurisprudência anterior razoavelmente cristalizada, sem trazer surpresas ou incompreensões quando editadas. Medite-se que mesmo os projetos de reforma constitucional dos Deputados Jairo Carneiro e Aloysio Nunes Ferreira, com os quais se têm profundas e inúmeras divergências, inclusive no específico das súmulas vinculantes, no mínimo, cuidavam de que houvesse anterior jurisprudência antes destas.

Nesta visão sobre o exato papel de cada instância, tampouco seriam freqüentes as reformas com escassa argumentação contra os fundamentos jurídicos dos primeiros julgamentos. Por exemplo, relativamente aos julgamentos de primeiro grau que decidiam pela inconstitucionalidade da base de cálculo do salário mínimo do adicional de insalubridade, desde o início haveria decisões de segundo grau refutando seus fundamentos. Haveria muitas linhas enriquecento o debate, em todas as instâncias, máxime por se tratar de matéria constitucional. Sendo assim, hoje, quando o próprio STF reconheceu a inconstitucionalidade do cálculo do adicional de insalubridade com base no salário mínimo, já teríamos tido antes uma chance de refletir melhor sobre a matéria e adotar um posicionamento mais enriquecido, a favor ou contra, que representasse um maior avanço doutrinário.

Estas compreensões são cada vez mais necessárias, inclusive para que se consiga maior celeridade processual, com redução significativa do tempo de demora no julgamento dos processos. Medite-se que recente Projeto de Lei sobre sumaríssimo, neste momento, já aprovado na Câmara dos Deputados e remetido ao Senado Federal dispõe que nestas lides de valor inferior não se lavrará Acórdão, mas simples Certidão, quando a sentença tiver sido mantida por seus próprios fundamentos

Acredita-se, pois, em uma resposta definitiva da Justiça do Trabalho aos seus detratores. *Na quase totalidade das Regiões, seguramente, quase sempre, teríamos os julgamentos de primeiro grau antes de um ano, e os de segundo grau antes de meio ano.*

3.2. Ouvir e/ou falar

Ricardo Carvalho Fraga

3.2.1. Introdução

Karl Marx, tratando das transformações e superações de diversos modos de produção, tais como, o moderno burguês, o feudal, o antigo, o asiático, entre outros, apontou certa constatação, mais genérica, no sentido de que:

"[...] a humanidade se propõe sempre apenas os objetivos que pode alcançar, pois, bem vistas as coisas, vemos sempre que esses objetivos só brotam quando já existem ou, pelo menos, estão em gestação as condições materiais para a sua realização."[1]

O aperfeiçoamento da capacidade humana de melhor utilização da fala tem sido estudado, havendo novos avanços em áreas antes desconhecidas. A comunicação humana, certamente, ainda nos propiciará uma melhor compreensão dos semelhantes, mesmo e inclusive, nas nossas diferenças.

No campo específico do Direito, muitas são as tentativas de estabelecimento de regras e sistematização de

---

[1] KARL MARX, Prefácio à "Contribuição à Crítica da Economia Política" in *Obras Escolhidas*, Editora Alfa Omega, Volume I, p. 302.

aprendizados relativos ao difícil momento de produzir provas em juízo. No estudo geral desta matéria existem controvérsias, assim como outras tantas na parte específica de cada tipo de prova, que abordaremos apenas em algumas particularidades.

No presente estudo, busca-se apresentar algumas inquietações surgidas, acima de tudo, no convívio com juízes e demais profissionais que atuam na Justiça do Trabalho. Os ensinamentos doutrinários aqui apontados, seguramente, não são exaustivos; de qualquer modo, relacionam-se mais diretamente com os debates antes mencionados.

Ao final e ao longo do presente texto, buscar-se-á expressar a crença na possibilidade e necessidade de novas conquistas do direito processual quanto à matéria das provas. Estes novos passos, além de outros, certamente, nos possibilitarão construir um Poder Judiciário bem diferente e muito superior ao atual.

4.2.1. Fundamentar *e/ou* Convencer

José Maria Rosa Tesheiner, ao final de seu comentário ao princípio da persuasão racional, sustenta que:

"É necessário que se compreenda que o advogado precisa convencer o juiz, mas que o juiz não pode pretender convencer a parte vencida".[2]

Carlos Alberto Alvaro de Oliveira, pretendendo refutar essas observações, diz que o Professor referido

---

[2] Algumas linhas antes, o Professor TESHEINER menciona ADA PELLEGRINI GRINOVER em seu estudo "O controle do raciocínio judicial pelos tribunais superiores brasileiros", *Ajuris*, Porto Alegre, 50:5-20, nov. 1990 e termina por dizer que "A crítica não me comove. Deparamo-nos, aqui, com um daqueles casos, tão freqüentes, em que o sistema funciona porque as normas não são rigorosamente obedecidas. A 'operação-padrão' pode apresentar-se como sucedâneo de uma 'operação-tartaruga' ou de um movimento grevista."

"termina por adotar visão puramente de poder ao minimizar o valor da motivação e emprestar maior significação à decisão justa". Este reconhecido processualista e, agora, Desembargador integrante do Tribunal de Justiça do Estado do Rio Grande do Sul, em parágrafo que antecede a nota 79, transcrita parcialmente na linha anterior, revela a percepção de um novo momento:

"[...] inestimável fator de coesão social e da solidez das instituições, apresentando-se, assim, como garantia política inerente ao próprio Estado de direito. Cuida-se, ao fim e ao cabo, de balizar o poder do órgão judicial, bem capaz de se tornar exacerbado, principalmente em termos de apreciação dos fatos da causa, em vista do princípio do livre convencimento, largamente adotado nos sistemas processuais do século XX. Nesse quadro, a motivação assume realmente um papel fundamental de racionalização da valoração das provas, não afastada nem mesmo pela discricionariedade ínsita nesta, reclamando decisão jurisdicional sempre justificada de forma adequada".[3]

O renomado processualista citado por último assinalou o enorme avanço representado pelo novo texto constitucional de 1988, a exigir fundamentação em todas as decisões judiciais. Medite-se que, na esfera das decisões administrativas, ainda persiste arraigada e injustificada resistência ao novo preceito do artigo 93, inciso IX. No *site* da Associação dos Juízes de Direito do Rio Grande do Sul, AJURIS, encontra-se intenso debate sobre o tema.[4]

---

[3] CARLOS ALBERTO ALVARO DE OLIVEIRA. *Do Formalismo no processo civil*. Editora Saraiva, 1997, p. 89.
[4] O site da AJURIS na Internet tem o seguinte endereço: www.ajuris.org.br

De qualquer modo, estamos, até aqui, diante de diferentes aspectos de um mesmo debate. A necessidade de fundamentação impõe-se pelo simples abandono do antigo sistema da prova legalmente taxada, o qual se examinará mais adiante. Diverso é o estudo sobre a postura mais adequada da magistratura, independentemente do maior ou menor respeito ao princípio da celeridade. Aqui, seguramente, reside a profunda contribuição do Professor Tesheiner, que acrescenta em sua Página Pessoal na Internet:

> "Volto ao tema, não porque pretenda polemizar, mas porque penso que tenho algo a dizer. É que formei minha convicção, não por assimilação daquilo que todos afirmam, mas por iluminação: aquela espécie de *insight* que tem o escravo, de sua própria condição, ao dar-se conta de que é demais o que se lhe exige de esforço diário.
> Os princípios, por serem princípios, são formulados de maneira genérica, como se não admitissem exceções. Daí o problema: eventuais exceções ao princípio terão que ser postas na legislação ordinária que, todavia, não pode contrariar a Constituição [...] Fica-se, assim, sem um instrumento para estabelecer as exceções. Tenta-se resolver o problema com a idéia de que um princípio constitucional limita outro. Fala-se no princípio da proporcionalidade ou em contraposição de princípios, tudo no plano das generalidades.
> No que diz respeito ao princípio da motivação, indaga-se da necessidade de motivar despacho de mero expediente [...] de motivar decisão meramente homologatória [...] da exigência de resposta a cada argumento esgrimido pela parte [...] Alguns não se contentam com fundamentação baseada na lei, embora se funde na lei nosso sistema jurídico:

exigem que o juiz se pronuncie expressamente não apenas sobre os fatos e as normas legais incidentes, mas também sobre seus valores [...]
Ada Grinover pretende que o juiz seja totalmente transparente, na sua motivação, (como se isso fosse possível). O homem não é só razão. É também sentimento. A própria razão é iluminada por intuições intraduzíves em palavras. Transparência total é impossível.
Alguns dos que escrevem sobre o princípio da motivação não têm consciência do que se exige de um juiz no Brasil. São centenas de decisões que deve proferir a cada semana. Não se lhe pode exigir motivação exaustiva em cada decisão. Já é muito que aponte o fundamento legal.
Como se vê, não engulo bem o princípio da motivação, pelo menos do modo como apresentado pela doutrina, embora não tenha jamais julgado sem fundamentar.
De um modo geral, penso ser suficiente que o juiz indique a causa de pedir que o leva a acolher o pedido, não precisando rebater um a um os argumentos apresentados pela parte adversa. Não se pode exigir que responda um a um aos argumentos dos advogados, mesmo porque tem que decidir, ainda que ambas as partes alinhem argumentos para os quais não haja resposta cabal!
Serve a motivação para pôr racionalidade nas decisões. O sentimento do justo ou a intuição que levaram o juiz a pender para uma solução podem não resistir ao crivo da razão. Cumpre então adotar a solução contrária. Creio ser essa a maior utilidade da motivação. *Ela não é primariamente endereçada às partes*, que dificilmente se deixarão convencer, nem aos tribunais superiores, que adotarão

a solução de sua própria jurisprudência, por melhor que seja o raciocínio desenvolvido na sentença recorrida. *As partes, o tribunal ad quem e a comunidade jurídica também são destinatários da motivação, mas o principal destinatário é o próprio juiz*. Ele apresenta a si próprio os motivos de sua decisão, para que ela seja racional. Parece haver aí uma contradição, pois disse antes que sentimento e intuição conduzem o juiz. Mas não há contradição. Sentimento e intuição são motivos da decisão que não se deixam revelar. Constituem a parte submersa do *iceberg*. O que pode ser revelado são apenas os argumentos de razão, que confirmam (ou não) o sentimento ou intuição inicial." (grifos atuais).[5]

Fica-se, agora, mais próximo de se entender a própria finalidade da fundamentação das decisões judiciais. Hoje, esta necessidade, constitucionalmente reconhecida, nada tem a ver com algum objetivo de convencer as partes e, provavelmente, nunca tenha tido. Na verdade, a tentativa de convencer o jurisdicionado é que, talvez, possa revelar um comportamento quase autoritário. No mínimo, o tema relativo ao convencimento poderia ser melhor tratado junto ao debate sobre legitimação do próprio Estado, uso das técnicas de conciliação e utilização, também limitada, dos aprendizados contemporâneos de arbitragem, entre outros temas, os quais são bem diversos dos aqui tratados.

Alain Supiot, um dos principais autores do Direito do Trabalho na atualidade, apresenta profunda e atual

---

[5] O endereço é [www.geocities.com/jtesheiner/doutrinaprocessocivil/principiodamotivacao.htm] que foi acessado em 04 de maio de 2001, às 18h30min. Neste site pessoal encontram-se ainda outros textos, não somente do autor, bem como *download* de sua obra aqui citada, a qual contém um outro capítulo sobre o "Princípio da Ilicitude das Provas".

observação neste tema. Embora utilizando a palavra "valores", este estudioso francês diz qual é a exata finalidade da indicação dos fundamentos de uma decisão judicial, que se impõe cada vez mais, também em seu entendimento:

"Como resolver? Jamás en nombre de la ley del más fuerte. Sin duda, el más fuerte - la corrupción en la política y la mercantilización de las profesiones jurídicas dan testimonio de ello - tiene medios para comprar a los que hacen las leyes o concurren a aplicarlas. Pero incluso el jurista que se ha vendido al más fuerte no puede resolver en nombre del más fuerte. El parlamentario financiado por un grupo de presión, el abogado que cobra de una organización patronal o sindical, o el juez o universitario comprado por un grupo de intereses (si existiera, lo que no quiera Dios!) *no pueden apoyar su decisión o su opinión sobre la autoridad del que les paga, pues siempre deben referirla a un valor que trascienda las circunstancias del problema que se les ha sometido.* En nuestra cultura legalista, esta idea de referencia evoca primero la referencia a la ley, y la forma silogística de nuestros juicios y de nuestras maneras de razonar en derecho. Pero esta idea de referencia tiene un alcance mucho más amplio. Puede ser el precedente (o la ausencia de precedente) para el jurista de *common law*, el principio general del derecho para el juez administrativo o constitucional, el interés general para el ponente de una ley, etc. *En todos los casos, tal referencia significa que se resuelve el caso en nombre de lo que trasciende el caso,* que se encaja la decisión en un sistema normativo más vasto que la legitima (en nombre de la Ley, en nombre del Pueblo francés, en nombre de la República, etc.)." (grifos atuais)[6]

4.2.2. Distante das ordálias

Moacir Amaral Santos, logo após referir o tema do ônus da prova no direito romano, assinala a relevância dos ensinamentos de Bentham, Webber, Bethmann-Hollweg, Fitting, Gianturco, Demogue, bem como de Carnelutti, adotando o entendimento de Chiovenda de que "o ônus de afirmar e provar se reparte entre as partes, no sentido de que é deixado à iniciativa de cada uma delas provar os fatos que deseja sejam considerados pelo juiz, isto é, os fatos que tenha interesse sejam por este tidos como verdadeiros".[7]

José Maria Rosa Tesheiner acrescenta que o conceito de "onus surgiu no processo e invadiu o direito material" e conclui que a dificuldade na distinção entre ônus da prova em sentido objetivo e subjetivo desapareceria se utilizássemos o conceito de direito formativo à produção das provas, "tanto mais que a ciência processual nunca conseguiu explicar bem como é que ao autor incumbe não só provar os fatos constitutivos como também produzir a contraprova dos fatos impeditivos ou extintivos alegados pelo réu".[8]

---

[6] ALAIN SUPIOT. *Crítica Del Derecho Del Trabajo*, Edição Coleção "Informes Y Estudios" do Ministério do Trabalho e Assuntos Sociais da Espanha, 1996, p. 296.

[7] MOACIR AMARAL SANTOS. *Primeiras Linhas de Direito Processual Civil*, Saraiva, 1979, 2º volume, p. 305.

[8] JOSÉ MARIA ROSA TESHEINER. *Elementos para uma Teoria Geral do Processo*, Editora Saraiva, 1993, p. 20. ALEXANDRE FREITAS CÂMARA. *Lições de Direito Processual Civil*, Lumen Juris, volume I, 6ª Edição, 2001, em nota na p. 342, aponta que, hoje, a maioria da doutrina é no sentido que o tema das provas diz respeito ao Direito Processual.

Moacir Amaral Santos, mais adiante, analisa o sistema do Código de Processo Civil, afirmando que este adotou o sistema da persuasão racional. Ele transcreve e comenta o Código de Processo Civil, artigos 131, 366, afirmando que este consagra verdadeira "regra legal", 334, IV, sobre "presunção legal" e 335 sobre "regras de experiência". Menciona, também, inúmeros artigos do Código Civil, concluindo, de qualquer modo, que "o Código de Processo Civil se filia ao sistema da persuasão racional".[9] A mesma conclusão é adotada pelo Professor Tesheiner, que, apesar de mencionar o mesmo processualista, apresenta exposição bem diversa do tema, em capítulo antes mencionado longamente.

Eduardo Couture analisa o conceito de "critica sã", em momento bem anterior. Afirma que este outro sistema foi adotado pelos países influenciados pelo modelo da Lei Espanhola de 1855. Afirma que:

> "Este conceito representa uma categoria intermediária entre as provas legais e a livre convicção. Sem a excessiva rigidez de umas e sem a demasiada incerteza da outra, representa uma fórmula feliz, às vezes elogiada pela doutrina, mas pouco menos que desconhecida em suas origens, para regular a atividade intelectual do juiz em face da avaliação da prova.
> As regras da critica sã reproduzem, antes de mais nada, as regras do correto entendimento humano. Nelas se combinam as regras da lógica, com as regras da experiência do juiz. Umas e outras contribuem por igual para que o magistrado possa avaliar

---

[9] MOACIR AMARAL SANTOS. *Primeiras Linhas de Direito Processual Civil*, Saraiva, 1979, 2º volume, p. 334. Os artigos citados são 130, 131, 132, 133, 134 e outros, do Código Civil, repetidos no Anteprojeto de Código Civil, de 1972, arts. 103, nº III, 106, 107, 108, 168, nº V, 210, bem como os relativos à prova dos atos jurídicos, tais como as dos arts. 135, 137, 138, 139, 140, 141, 142, 143 e outros, do Código Civil, arts. 211 e segs. do Anteprojeto de Código Civil, de 1972, arts. 343, § 2º, 350, 351, 364 e segs., 401.

a prova (seja por testemunhas, peritos, vistoria judicial, confissão qualificada) com base no sã raciocínio e no conhecimento experimental das coisas."[10]

O autor uruguaio revela profunda e incomum compreensão da marcha da história. Ele, já na apresentação, escrita em Montevideo, em 1942, aponta que "qualquer serenidade" estaria no passado, e que o futuro seria "pura esperança de dias melhores". No específico deste tema, diz:

"As máximas de experiência, às quais já foi feita menção, contribuem, tanto quanto os princípios lógicos, à apreciação da prova.

O juiz, seja-nos permitido insistir, não é uma máquina de raciocinar, mas sim, essencialmente um homem que toma contato com o mundo que o rodeia, e que ele conhece através de seus processos sensoriais e intelectuais. O prudente arbítrio é, portanto, a apreciação lógica de certas conclusões empíricas de que todo o homem se serve para movimentar-se na vida.

Essas conclusões não têm o caráter estrito dos princípios lógicos tradicionais, sendo antes contingentes e variáveis com relação ao tempo e ao lugar. *O progresso da ciência é constituído por uma longa cadeia de máximas de experiência derrogadas por convicções mais exatas*; e em face do próprio desenvolvimento dos princípios lógicos, a história do pensamento humano é um constante progresso na maneira de raciocinar." (grifos atuais)[11]

O processualista do país vizinho, conhecendo as modificações nos estudos dos demais centros culturais,

---
[10] EDUARDO J. COUTURE. *Fundamentos do Direito Processual Civil*, Red Livros, Campinas, 1999, p. 192.
[11] Idem, p. 194.

observa, algumas páginas adiante, a utilização dos diversos conceitos. Assinala que na doutrina européia, dos demais países, quando se afirma a "livre convicção" se quer, acima de tudo, afastar o sistema da "prova legal", até mesmo com "amplitude maior que a usual no sistema dos países hispanoamericanos".

Enrique Véscovi, comentando a realidade dos países latinoamericanos, observa que "La doctrina latinoamericana, en forma prácticamente unánime, ha rechazado la distinción que pretendió fundar nuestro maestro Couture, entre apreciación racional de la prueba y sistema de la sana crítica".[12]

Percebe-se, pois, que a superação do primeiro sistema, da prova legal, não tem sido fácil e rápida. "Critica sã" pareceu como sistema intermediário e mais sábio para Couture. Para outros, o intermediário seria o da "persuasão racional" ou mesmo o "livre convencimento", motivado. Alexandre Freitas Câmara assinala que são visíveis, ainda hoje, os resquícios do sistema da prova legal, originário das ordálias ou "juízos de Deus", citando os artigos 401 e 902 do CPC, respectivamente sobre prova testemunhal exclusiva em contratos de valor maior e contrato de depósito.[13]

---

[12] ENRIQUE VÉSCOVI. *Elementos para una Teoría General del Proceso Civil Latinoamericano*, Universidad Nacional Autónoma de México, 1978, p. 79, nota 122, onde se lê, na mesma página, um comentário sobre a matéria em diversos países do Continente: "c) En la apreciación (valoración) de la prueba. En esta materia podemos afirmar que, salvo casos muy excepcionales, la mayoría de los códigos de Latinoamérica pertenecen a un sistema mixto, que establece un régimen de tarifa legal para algunas pruebas o ciertas reglas parciales respecto de algún medio de prueba (tal como la de que no vale la declaración de un solo testigo) y un sistema de libre apreciación racional (o sana crítica) para otros." Menciona regras de Guatemala, Peru, Colômbia, Argentina, México e termina sugerindo: "No tenemos duda que el sistema de libre apreciación es el que debe adoptarse, tal como lo enseñan todos los autores modernos y es el que proponemos, sin limitaciones para el 'código modelo'".

[13] ALEXANDRE FREITAS CÂMARA, obra citada, p. 349. Nesta mesma obra, em nota 17, p. 350, salienta que no Tribunal do Júri "os jurados não se encontram vinculados às provas existentes", observando-se o princípio da "livre convicção". Humberto Theodoro Júnior fala em "persuasão racional ou livre convencimento motivado", *Curso de Direito Processual Civil*, Forense, volume I, p. 419.

Wagner Giglio apresenta certa consideração específica sobre o Direito Processual do Trabalho e termina por adotar o entendimento de que vigora neste ramo o mesmo sistema do Código Processual Civil, que seria o do livre convencimento:

> "Produzida a defesa e não havendo acordo, inicia-se a fase probatória do processo (CLT, art. 848). Os princípios gerais que informam a teoria da prova são estudados no Direito Processual Civil, e se aplicam ao processo trabalhista. As diferenças entre o processo ordinário e o trabalhista, nessa matéria, são poucas, pequenas e, regra geral, apenas de procedimento.
> Assim, prevalece no processo do trabalho o mesmo sistema do livre convencimento, na apreciação da prova, consubstanciado no art. 131 do Código de Processo Civil; o juiz do Trabalho, como o Juiz de Direito, atenderá aos fatos e circunstâncias constantes dos autos, ainda que não alegados pelas partes, para formar seu convencimento, devendo, nada obstante, fundamentar os despachos e sentenças. 'Os atos e termos processuais não dependem de forma determinada senão quando a lei expressamente a exigir, reputando-se válidos os que, realizados por outro modo, lhe preencham a finalidade essencial' (CPC, art. 154)."[14]

Manoel Antonio Teixeira Filho distingue os sistemas adotados no Direito Processual do Trabalho, onde haveria um para o Individual e outro para o Coletivo:

> "O CPC de 1973 adotou, claramente, o princípio da persuasão racional, a que ainda se poderia designar de livre convencimento motivado, como se constata pela expressão do art. 131, já mencionado.

---

[14] WAGNER GIGLIO. *Direito Processual do Trabalho*, Editora LTr, 1.980, p. 163.

Não há dúvida de que o sistema da persuasão racional foi também adotado pelo Direito Processual do Trabalho, cuja inferência se extrai - embora palidamente - da leitura do art. 832, *caput*, da CLT, onde se alude à 'apreciação das provas' e aos 'fundamentos da decisão'. A adoção supletiva de certas normas processuais civis, entrementes, como é o caso do art. 131, robustece essa conclusão.
Equivocou-se, portanto, o ilustre Wagner Giglio (ob. cit., pág. 163) ao supor que o art. 131, do CPC, consubstanciasse o princípio do livre convencimento; o que ali está é o da persuasão racional. No mesmo lapso incorreu C. P. Tostes Malta ("Prática do Processo Trabalhista", Rio, Ed. Trabalhistas, 1979, pág. 378).
Quanto às ações (dissídios) coletivos, cremos não haver erronia em afirmar-se que prepondera aí o sistema do livre convencimento (ou livre convicção), pois não ocorre, necessariamente, a vinculação da decisão às provas dos autos; a ser assim, estar-se-iam subtraindo, em muitos casos, a normatividade dessas decisões e o próprio caráter jurígeno que lhe é peculiar."[15]

Luciane Cardoso, em belo e recente estudo, expressou com clareza as enormes possibilidades de novos aprendizados do Direito e, em especial, no campo probatório. Diz, ela:

"Se a hermenêutica filosófica representa luz nova à noção de interpretação do Direito, como um todo, tal enfoque deve, necessariamente atingir o particular, no que diz respeito às provas. Nesse prisma, o trabalho buscou apresentar e discutir al-

---

[15] MANOEL ANTONIO TEIXEIRA FILHO. *A Prova no Processo do Trabalho*, Editora LTr, 1993, p. 100.

guns elementos para uma reflexão sobre o paradoxo das possibilidades interpretativas da fala informal da testemunha, no horizonte formal que é o processo judicial.

Destacamos, por fim, que a prova jurídica, e em especial a testemunhal, traz consigo, inevitavelmente, o seu caráter lógico e axiológico, comportando uma análise psicológica e filosófica. Por isso, devem ser rompidos os departamentos estanques que isolam o Direito dessas ciências, a fim de que os operadores jurídicos possam, ao compreender noções básicas das mesmas, *obter uma avaliação fenomenológica mais completa da prova testemunhal.*

Futuros estudos poderão enfocar tópicos, como a análise psicanalítica da linguagem da testemunha, e como esta é apreendida pelo juiz. Será, também, importante, para discussões ulteriores, aprofundar o estudo da justificabilidade e da racionalidade da hermenêutica jurídica, no contexto da escolha concreta do juiz por uma versão de determinada testemunha e não outra, temas interessantes sobre os quais desde sempre os operadores do Direito se questionam.

A atividade retórica desenvolvida no processo, pelo juiz, é necessidade decorrente do sistema, que exige que as decisões sejam motivadas. Entretanto, numa época de processos politicamente vinculados à idéia de Estados Democráticos, a necessidade de um novo enfoque de justificação judicial renasce pela nova filosofia jurídico-hermenêutica, que requer da fundamentação da sentença uma expressão ampliada da racionalidade judicial." (grifo atual)[16]

---

[16] LUCIANE CARDOSO, Tese de Mestrado na UNISINOS, sobre Provas, no ano de 2000, sendo orientada pelo Professor Ovídio Baptista da Silva, em Banca integrada por José Luiz Ferreira Prunes e Lenio Streck.

No específico da prova testemunhal, o referido texto, algumas linhas antes, apresenta novos e amplos horizontes, os quais poderão ser alcançados, sem que se esqueçam as enormes conveniências da prova documental, inclusive quanto à certeza e à celeridade.[17] Mesmo tendo o cuidado de Juíza do Trabalho, que atua junto ao trabalhador ainda com dificuldades em dominar a arte de falar, ela propõe:

"Todos estes resquícios da prova legal que permanecem nos nossos códigos, podem ser revistos pela revaloração da linguagem no Direito. Assim, a *filosofia lingüística* questiona a *filosofia da* consciência de onde provém as teorias principais do Direito, inclusive as que abordam a prova, com forte predomínio da racionalidade positivista.

Em conseqüência do estudo precedente, sentimo-nos autorizados a concluir que a prova testemunhal aparenta ser o mais frágil meio de convencimento judicial. Entretanto, justamente em razão de seu caráter dúbio, como linguagem, decorrem amplas possibilidades interpretativas que são, por vezes, desprezadas na consciência formalista da maioria dos juristas.

A nova teoria da hermenêutica jurídica que surge em nosso tempo, privilegiando os elementos lingüísticos do Direito, pode ampliar o sentido desse meio de prova-oral, prejudicado pela lógica do pensamento cartesiano, o qual busca no processo, segundo um raciocínio formal, a fixação de uma verdade perene.

A filosofia hermenêutica traz à luz *uma idéia de linguagem que não é uma terceira coisa entre su-*

---

[17] A respeito de uma maior utilização da prova documental no processo trabalhista, que já está em curso, através dos anos, escrevemos com JUREMA REIS DE OLIVEIRA GUTERRES e MILTON MOREIRA FRAGA em *Modernização do Direito Processual do Trabalho*, Coordenador JOSÉ FELIPE LEDUR, Editora LTr, 1990, Capítulo "Prova Testemunhal e Princípio da Oralidade", p. 33.

jeito e objeto, mas envolve o intérprete e o interpretado, num mundo constituído lingüisticamente como totalidade. Não se pode, a partir desse contexto, admitir que haja um sentido autônomo para o texto. O sentido é produzido pela interação significativa, em que emerge do texto uma determinada expectativa de sentido, que será confrontada e atualizada pelo contexto histórico que envolve o intérprete e o texto a ser interpretado, que bem pode ser a fala da testemunha. Na situação hermenêutica, o jurista está identificado com o historiador, porque não possui um acesso imediato ao valor histórico de um determinado texto, mas deverá *desvelar um significado que seja conectado com o presente e produza sentido*". (grifos atuais)[18]

4.2.3. Fatos e Direito

A presunção de conhecimento da lei afasta a necessidade prova desta. O artigo 337 do Código de Processo Civil apenas excepciona quanto à prova de direito

---

[18] LUCIANE CARDOSO, no Estudo antes mencionado, em continuidade, diz que "A linguagem expressa os elementos lógico-formais da fala, juntamente com o elemento prático, porque traduz as vivências de quem fala. Assim, toda a experiência é mediada pela linguagem, de onde a revelação de uma experiência que se dá através da linguagem demonstra o caráter transformador desta, porque possibilita tanto ao que fala como ao intérprete da fala uma compreensão, uma atribuição de sentido à experiência, uma nomeação ou renomeação do mundo. Se não existisse a possibilidade de uma interrogação a ser proporcionada pelo texto, aberta ao contributo de sentido do intérprete, estaríamos sempre diante de interpretações fechadas. Daí porque uma verdadeira interpretação jurídica deve levar em conta os questionamentos do texto, e estar aberta a uma possibilidade de interpretação que atenda à solução do conflito concreto, seguindo uma justificabilidade racional baseada numa pré-compreensão da realidade". Ela analisa a "filosofia da linguagem" e autores como HEIDEGGER e GADAMER, afirmando que "Toda a teoria da prova testemunhal, conforme a nova hermenêutica, deve ser revista como argumento de razoabilidade a indicar uma verdade possível e verossímil, tipicamente histórica e contingente, a ser construída pela fusão de horizontes da experiência do juiz, com a fala da testemunha, numa totalidade que produz sentido."

municipal, estadual, estrangeiro ou consuetudinário. Alexandre Freitas Câmara registra que a regra deste artigo não se aplicaria quanto às leis da própria comarca do Juiz.[19] Esta observação igualmente era feita por Gabriel Rezende Filho relativamente à norma similar do antigo Código de Processo Civil de 1939, artigo 212.[20] O Superior Tribunal de Justiça já decidiu que o Tribunal de Justiça do Distrito Federal não poderia deixar de conhecer ato do Poder Executivo do Distrito Federal, conforme Acórdão mencionado por Theotonio Negrão, em seu CPC Comentado, Edição de 2000. Eduardo Couture noticiava já ter ocorrido certa exceção, em seu País, quanto à proliferação de normas relativas a registro de Patentes, quando era necessária a prova da regra vigente.[21] Esta excepcionalidade nos faz pensar sobre o futuro de nosso País, onde já existem mais de quatro mil Medidas Provisórias, várias delas reeditadas com redação diversa da original. A respeito,

---

[19] ALEXANDRE FREITAS CÂMARA, obra antes citada, p. 349.
[20] GABRIEL REZENDE FILHO. *Direito Processual Civil*, Saraiva, 1955, p. 212, item 665.
[21] EDUARDO COUTURE, obra antes citada, p. 140, *onde se lê que:* "A regra inversa dominava no direito grego primitivo, no qual o juiz somente podia aplicar a lei invocada e provada pelas partes. Para Aristóteles as provas eram cinco: "as leis, as testemunhas, os contratos, a tortura dos escravos e o juramento". A norma a que nos estamos referindo tem, entretanto, algumas exceções que fazem objeto de soluções particulares. Assim, por exemplo, quando a existência da lei é discutida ou controvertida, produz-se uma interferência entre os campos respectivos do fato e do direito. No Uruguai, as edições correntes das leis de "Patentes de giro" contêm uma interpolação que não é obra do legislador, tendo aparecido na consolidação realizada pelo Poder Executivo, com base na autorização outorgada pela Lei 9.173, mas com evidente excesso de poderes. Em casos como este, a existência ou inexistência da lei, que em si mesma é um fenômeno de direito, pode tornar-se uma questão de fato. Havendo dúvidas quanto à autenticidade das edições oficiais, será mister produzir prova do fato da existência ou inexistência da lei, recorrendo aos arquivos do Parlamento e do Executivo, onde se encontrem os textos originais. Por conseguinte, uma primeira exceção ao princípio de que o direito não é objeto de prova seria a prova da existência ou inexistência da lei. Convém esclarecer, entretanto, que o fato das partes terem discutido a existência do direito, sem todavia produzirem prova a respeito, não obsta a que o juiz decida a controvérsia, investigando por seus próprios meios ainda que fora dos autos, a lei aplicável."

vale lembrar o alerta de Paulo Bonavides, que já aponta uma grave "falência representativa do sistema legislativo".[22]

Os conhecimentos doutrinários servem para auxiliar nos julgamentos, entre outros. Em nossa legislação, inexiste necessidade de que esses constem nos fundamentos de uma decisão judicial, e, conseqüentemente, inexiste prova sobre os mesmos. Em certo momento, houve disposição da Lei do Uruguai, artigo 466 do Código de Processo Civil, no sentido de que se "impunha ao juiz a citação de "leis e doutrinas aplicáveis" nos considerandos de sua sentença".[23]

João Antonio Pereira Leite, em brilhante estudo sobre "A Presunção no Direito do Trabalho", expressa, lembrando Pontes de Miranda, que: "É supérflua a regra da lei que autoriza o juiz ... a pensar" e que seria:

> "Recomendável, acaso, mais acuidade e coragem, sem imprudência, no proclamar certas presunções e repelir outras ... *Percebe-se, v. g., na jurisprudência, implícita presunção de excepcionalidade das horas extras, quando, sabidamente, em certos setores, a prorrogação habitual é a regra.* A presunção da despedida tem sido aceita pela melhor doutrina, sem lograr, porém, o aplauso dos tribunais.

---

[22] PAULO BONAVIDES, in *Revista do TST*, volume 67, número 1, jan/mar 2001, p. 131, onde é registrada, ainda, a existência de 649 projetos de Emenda Constitucional tramitando nas duas Casas do Congresso Nacional.

[23] MERCEDES METALLO. *Estudos sobre as Fontes do Direito do Trabalho*, Coordenador Américo Plá Rodrigues, LTr, 1998, p. 191, noticia e comenta que "continua fazendo o art. 197 do Código Geral do Processo, que diz que deverão ser expostas na sentença "as razões jurídicas por cujo mérito se aplica o direito. Há uma "recíproca ajuda e colaboração da jurisprudência e da doutrina", porque a primeira cita a segunda para fundamentar suas conclusões e, ao contrário, a única oportunidade de confrontar a experimentação fática da doutrina é a de ser aceita por uma sentença. Pode acontecer às vezes de uma doutrina não ser recebida pela jurisprudência, por ser excessivamente adiantada para o estado da ciência jurídica no momento em que é formulada, mas, após algum tempo, é retomada por algum magistrado ou tratadista e se impõe em condições jurídicas mais propícias."

Ante a vacilação ou natural incerteza do julgador, as presunções legais relativas serviriam de indiscutível instrumento de Justiça, aos que se vêem impossibilitados de realizar a prova, pela debilidade de sua condição social e econômica. O ampliar o número das presunções legais, *juris tantum*, escassas em nosso direito positivo, é providência apta a solucionar questões até hoje precariamente resolvidas." (grifo atual)[24]

Ainda que se afirme que o direito probatório diga respeito, acima de tudo, ao direito processual, é oportuno que se medite sobre observação mais abrangente de Francisco Rossal de Araújo, buscando desvendar o próprio ato de julgar:

"Assim como cada indivíduo possui a sua noção de realidade e poderá compartilhá-la com outros indivíduos através da comunicação, *o processo judicial também é um processo comunicativo no*

---

[24] JOÃO ANTONIO PEREIRA LEITE, in *Revista do TRT da Quarta Região*, número 7, de 1974, p. 3 e segs., onde se lê: "...LIEBMAN esclarece que as presunções simples não são meios de prova, isto é, prova no sentido objetivo mas constituem prova no sentido subjetivo, ou seja, "uma elaboração das provas alcançadas por outros meios". Mais adiante ele menciona MOACYR AMARAL SANTOS em "Prova Judiciária no Cível e Comercial" e CÂMARA LEAL, analisa o art. 251 do C.P.C para dizer que "...O uso prudente das presunções simples é instrumento indispensável para a solução correta dos dissídios do trabalho." Mais adiante lembra o jurista mexicano ALBERTO TRUEBA URBINA quando diz que "a prova do trabalhador para comprovar sua relação de trabalho e o cumprimento de seus deveres sociais não requer a rigidez da prova para comprovar a inexistência da relação ou a despedida; porque a primeira é a expressão, sem linha jurídica, para seguir vivendo do salário ou da indenização e, a segunda, para condenar o trabalhador a morrer de fome juntamente com sua família. Em conseqüência, a prova trabalhista tem uma natureza social básica para o trabalhador, enquanto que para o empresário ou patrão é secundária em razão de seus interesses patrimoniais que têm valores distintos dos humanos".

Advoga, em seguida, a inversão do ônus da prova em favor do empregado, e censura o mesmo recurso em benefício do empregador, concluindo: "A inversão da prova cumpre, pois, no processo do trabalho uma função tutelar do trabalhador que constitui, por outra parte, a finalidade de toda legislação social, que, sem prejuízo de garantir os direitos dos fatores ativos da produção no processo, olha com especial atenção, quanto se refira ao elemento operário e à sua proteção".

qual o juiz e as partes compartilharão os seus pontos de vista de observação da realidade. Através da observação e da comunicação, poderá o julgador apreender a realidade e modificá-la, segundo os valores constantes da norma jurídica ou segundo os seus valores subjetivos, sempre dentro do espaço de indeterminação deixado pela própria norma jurídica.

As partes, ao expor suas razões no processo, já interpretaram a realidade e a enunciam para o julgador conforme sua percepção e seus interesses. O juiz ponderará as versões e construirá a sua, segundo técnicas processuais (meios probatórios) e normas materiais que condicionam a sua interpretação (ônus probatórios e presunções). No final, construirá a sua própria versão da realidade, que servirá como base da sentença judicial." (grifo atual) [25]

A própria escolha dos fatos a serem provados e, posteriormente, julgados já constitui uma definição de relevância. Em determinada situação, bem peculiar, relativa a julgamento de legalidade ou ilegalidade de uma greve, a Juíza Fany Fajerstein acreditava estar julgando a paralisação como demonstração de repúdio à morte de colega na saída de uma derradeira assembléia. Ao contrário, seus colegas de Turma do E. TRT de Campinas acreditavam estar julgando apenas a legalidade ou ilegalidade em razão da procedência ou não das próprias

---

[25] FRANCISCO ROSSAL DE ARAÚJO, em estudo prévio de Doutorado, perante a Universidade Pompeo Fabra de Barcelona, 2001. Na continuidade do parágrafo transcrito ele afirma que: "A sentença judicial é uma visão da realidade como qualquer outra. No plano extra-jurídico não há nenhuma distinção entre a versão do juiz e a versão das partes. Apenas se diferencia da visão das partes por força dos efeitos distintos que lhe dá o ordenamento jurídico. É o que foi visto quando se distinguiu entre proposição jurídica e sentença judicial. Ao conceber a situação de fato para poder aplicar a norma, o juiz a reduz a um enunciado como qualquer outra pessoa. Os efeitos são distintos por força do que dispõe o ordenamento jurídico. ...O caráter ideológico do Direito está presente a todo o momento."

reivindicações e demais requisitos da lei específica de greve. Em seu voto vencido, ela finalizou, sustentando que:

> "No caso analisado, constatamos que houve uma paralisação do trabalho, que entendemos decorrente da morte do sindicalista. Até aí somente averiguamos matéria de fato, matéria do mundo do ser. Sendo o julgamento uma conexão entre o fato e o direito, a saber, entre o mundo do ser e do dever ser, expresso pelas normas jurídicas, poderia ser aplicada a Lei de Greve?
> Entendemos que não, pois, apesar das conseqüências objetivas serem as mesmas, a saber, paralisação do trabalho, no nível dos fatos, a causa imediata foi a morte do sindicalista, fato que foge totalmente à Lei de Greve."[26]

A dificuldade quanto à exata definição do papel do Juiz ao interpretar os fatos e dizer o Direito, somente, é superada pela frágil compreensão quanto às finalidades dos diferentes graus de jurisdição. Em outro momento, dissemos em estudo conjunto com Luiz Alberto de Vargas que:

> "(...) urge um debate mais profundo sobre a melhor concepção da natureza do procedimento revisional. Desde logo, assume-se o risco de afirmar

---

[26] FANY FAJERSTEIN. *Democracia e Direito do Trabalho*, Coordenador Luiz Alberto de Vargas, LTr, 1995, p. 112. No seu voto vencido ela sustentou que "Estamos convictos de que o julgamento deve basear-se na análise de causa e efeitos. No caso analisado, o efeito foi a paralisação do trabalho, mas a causa foi o ataque contra o sindicalista, que redundou em morte. E seria essa uma causa que pudesse ser enquadrada no conceito de greve? Não, pois tratou-se de um fato anômalo, não abrangido pelo Direito do Trabalho e sim pelo Direito Penal. III - Na análise da epistemologia jurídica, pelo menos sob o ponto de vista do Juiz, quando da elaboração de uma sentença, há necessidade de analisar-se os fatos e depois procurar a norma aplicável à espécie. Nesta ocasião o Juiz se depara com um problema dificílimo, a saber, a análise do fato que enseje a prestação jurisdicional."

que a revisão da sentença não é o refazimento da mesma como se a Turma do Tribunal se transformasse em juiz singular. Antes de tudo, porque essa transmigração é impossível. Por melhor que os registros de ata reproduzam os depoimentos de partes e testemunhas, jamais poderão transmitir a realidade complexa ocorrida na sala de audiência que somente o juiz, *in loco* pode captar."[27]

No mesmo estudo, em capítulo sob o título "Máquinas e Computadores", apontou-se que "estamos diante de um debate poucas vezes enfrentado com a definição das exatas finalidades e pressupostos filosófico-jurídicos de cada julgamento, valendo como exemplo, quase único, o belo e rico texto da Juíza do Trabalho de Campinas Fany Fajerstein", aqui, novamente, já referido.

A própria celeridade, além do enfraquecimento do papel do julgador de primeiro grau e, acima de tudo, a ausência de uma formulação mais cristalina dos aprendizados do Direito ficam esquecidos e relegados. Por isto, no mesmo estudo, sob o título "Tribunais e Celeridade", mais próximos à conclusão, buscou-se apontar:

> "Em realidade, cada vez mais, em todo mundo desenvolvido vem se impondo um novo trabalho aos Tribunais. Como o julgamento de 'todos os casos' é impossível, o julgamento do Tribunal deve ser, cada vez mais, um julgamento exemplar, que busque formar e cristalizar uma orientação

---

[27] "Fatos e Jurisprudência – reflexões iniciais", LUIZ ALBERTO DE VARGAS e RICARDO CARVALHO FRAGA, Juízes do Trabalho no Rio Grande do Sul, sendo o primeiro Doutorando em Barcelona, Suplemento Trabalhista LTr 117/99 bem como livro *Direito do Trabalho e Realidade*, Coordenador Cláudio Scandolara, Editora Livraria do Advogado, 2000, p. 168. Já foi dito que "...certas demandas deveriam terminar, em definitivo, no primeiro grau, sob o ponto de vista de matéria de fato. Daí para frente os recursos seriam puramente jurídicos" foi o depoimento do Ministro CARLOS VELLOSO perante Comissão de Reforma do Poder Judiciário, divulgado na "Voz do Brasil" de 24 de outubro de 2000.

jurisprudencial... Na medida em que avance nestes novos rumos melhor o primeiro grau poderia cumprir seu papel e compreender o efetivo papel dos Tribunais, quanto à formação e cristalização da jurisprudência, inclusive com a edição de súmulas, as quais, certamente, passariam a representar apenas a cristalização de alguma jurisprudência anterior razoavelmente cristalizada, sem trazer surpresas ou incompreensões quando editadas. Medite-se que mesmo os projetos de reforma constitucional dos Deputados Jairo Carneiro e Aloysio Nunes Ferreira, com os quais se tem profundas e inúmeras divergências, inclusive no específico das súmulas vinculantes, no mínimo, cuidavam de que houvesse anterior jurisprudência antes destas."[28]

A Lei 9.957, relativa ao rito sumaríssimo na Justiça do Trabalho, apresenta algumas novidades, nestes temas. Acaso mantido o julgamento de primeiro, por seus próprios fundamentos, não será lavrado Acórdão, mas apenas Certidão de Julgamento, artigo 895, § 1º, inciso IV. Mesmo as atas de audiências, como já era claro para alguns, em razão dos artigos 843 e seguintes da Consolidação das Leis do Trabalho, deverão ter "registrados resumidamente os atos essenciais", artigo 852-F, acrescentado a mesma CLT.

---

[28] Em exemplo de tema freqüente nos julgamentos da Justiça do Trabalho, lembramos, no mesmo texto, que "Nesta visão sobre o exato papel de cada instância tampouco seriam freqüentes as reformas com escassa argumentação contra os fundamentos jurídicos dos primeiros julgamentos. Por exemplo, relativamente aos julgamentos de primeiro grau que decidiam pela inconstitucionalidade da base de cálculo do salário mínimo do adicional de insalubridade, desde o início haveriam decisões de segundo grau refutando seus fundamentos. Haveriam muitas linhas enriquecento o debate, em todas as instâncias, máxime por se tratar de matéria constitucional. Sendo assim, hoje, quando o próprio STF reconheceu a inconstitucionalidade do cálculo do adicional de insalubridade com base no salário mínimo, já teríamos tido antes uma chance de refletir melhor sobre a matéria e adotar um posicionamento mais enriquecido, a favor ou contra, que representasse um maior avanço doutrinário".

Houve veto do Presidente da República à limitação dos recursos ordinários, tal como aprovado no Congresso Nacional. Restou a limitação do recurso de revista, o qual foi mantido somente para casos de "contrariedade a súmula de jurisprudência uniforme do Tribunal Superior do Trabalho e violação direta da Constituição da República" (artigo 896, § 6º).

Luciane Cardoso, em comentário a esta mesma Lei, quanto à instrução probatória, observa novas possibilidades de atuação mais incisiva do Juiz:

> "Visto sob o prisma da apreciação da prova, a inclusão de um dispositivo que incentiva a 'dar especial valor as regras de experiência comum' abre-nos um caminho interpretativo para a valoração da prova que deve ser preenchido com parâmetros de razoabilidade. Por uma 'lógica do razoável' extraída da experiência humana devem ser interpretados os fatos que traduzem a realidade social concreta trazida para o processo pelo filtro probatório.
> Concluindo: podemos constatar que, independentemente das críticas que possam ser feitas à Lei nº 9.957/2000 em sua totalidade, o art. 852-D da mesma lei incentiva uma postura política de incremento dos poderes instrutórios do juiz na condução do processo e aplicação justa da lei. A boa administração do dispositivo legal pelo magistrado significa impulso legitimador da atividade jurisdicional, tão necessário no momento atual."[29]

Os inúmeros debates sobre a nova Lei 9.957, que teve ato solene de promulgação, na Capital Federal, ao início do ano de 2000, apresenta outra inovação, mais

---

[29] LUCIANE CARDOSO. *Sumaríssimo Trabalhista – 1 ano*, Editora HS, Organização Amatra IV, 2001, p. 40.

profunda, quanto ao papel do juiz, que ainda está por ser melhor avaliada. Francisco Rossal de Araújo percebeu que:

> "O mesmo dispositivo pode ensejar outro tipo de reflexão: tradicionalmente o ordenamento jurídico afirma que o juiz deve decidir de acordo com a lei e, somente em caso de lacunas (falta de previsão normativa para a situação de fato em questão) é que o julgador deve utilizar de outros meios para decidir o caso. Essa tradição está expressa no art. 4º da LICC e no art. 8º da CLT. O parágrafo único do art. 852-I, inverte a lógica e estabelece a prioridade da Justiça e Eqüidade na sentença e, com caráter finalístico, a relaciona com o atingimento dos fins sociais da Lei e o Bem Comum. Somente o tempo vai dizer se os Tribunais do Trabalho vão fazer frutificar essa disposição legal de caráter inovador e que permite aproximar a decisão judicial da realidade".[30]

3.2.4. Cedo ou tarde demais

Já em 1947 na Escola Nacional de Jurisprudência, posteriormente, Faculdade de Direito da Universidade Nacional Autônoma do México, Eduardo Couture apresentou seu Projeto de Código de Processo Civil. Ao início, justificou a necessidade de que os princípios constassem na própria lei, propondo o quinto como sendo "o juiz deverá manter, dentro do possível, a igualdade das partes no processo".[31]

No debate antes mencionado, entre outros, interveio o Professor Alberto Trueba Urbina, ponderando:

---

[30] FRANCISCO ROSSAL DE ARAÚJO. *Sumaríssimo Trabalhista – 1 ano*, Editora HS, Organização Amatra IV, 2001, p. 98.
[31] EDUARDO J. COUTURE. *Interpretação das Leis Processuais*, Forense, 1997, tradução de Gilda Maciel Corrêa Meyer Russomano, p. 58.

"Os caçulas dos processualistas, os estudiosos do processo trabalhista, como aquele que fala neste instante, sentimo-nos profundamente satisfeitos por encontrar, no Projeto de Código, as diretrizes fundamentais que, brilhantemente, foram examinadas nesta noite. Sentimo-nos, também, estimulados, porque, precisamente, as modalidades do processo trabalhista influíram no desenvolvimento do processo civil, com seus princípios fundamentais específicos: tecnicismo, rapidez, economia, porque nele se trata nada menos que de disputas entre entidades humanas, essencialmente desiguais, como o são empregados e empregadores.

Como o direito - já se disse, aqui, de modo muito elegante - é feito para a vida, o legislador do trabalho aproximou-se mais dela, levando em conta essas desigualdades. Sabemos todos, perfeitamente bem, que, na exposição de motivos do Código de Processo Civil italiano, se afirma, de modo categórico, que as regras do processo trabalhista se estenderam ao processo civil. Quer isso dizer que os cultores do Direito Processual do Trabalho cooperaram no desenvolvimento progressivo do processo civil."[32]

---

[32] Obra por último citada de E. COUTURE, p. 135, a partir da qual TRUEBA URBINA acrescenta que: "Existe o princípio de que todos os homens são iguais perante a lei, mas todos reconhecemos, também, que é falso tal princípio. Em conseqüência, penso que o art. 5º do admirável Projeto de Código mencionado deve ser reforçado, revigorado, para que não resulte fictício, como o princípio da igualdade jurídica; porque o fato de impor ao juiz a obrigação de visar à igualdade das partes no processo, sem lhe dar uma orientação precisa, equivale a reproduzir, na esfera do processo, o preceito jurídico da igualdade dos homens diante da lei...

Em síntese, para tornar efetivo meu pensamento, considero fundamental que se adicione, adequadamente, a palavra real ao texto do Projeto, para que lá se exija a Igualdade real das partes em juízo, como símbolo de humanismo processual e de autentica justiça. Caso não seja apropriada a palavra real, que encerra um conceito claro frente à ficção, será' possível procurar outra. O senhor é um homem de grandes recursos intelectuais e pode encontrar o conceito que imprima mais solidez à idéia que inspirou seu Projeto de Código."

Em sua reposta, o Professor Eduardo J. Couture teceu comentários sobre a situação do Direito do Trabalho em seu país naquele momento e concluiu:

> "Cheguei à convicção, através de um estudo que o Professor Trueba Urbina, em seu notável livro Derecho Procesal del Trabajo, julgou de maneira extremamente generosa, de que o direito adjetivo do trabalho não deixou de pé nem um só dos princípios clássicos do Direito Processual Civil. Ele excedeu, literalmente, todos os postulados que estamos manejando para a justiça civil ordinária: a idéia de prova, em virtude dos fenômenos típicos da inversão do ônus da prova, em matéria de acidentes ou em matéria de indenização por despedida; a idéia da coisa julgada, mediante o problema da sentença coletiva; a idéia de jurisdição; a idéia relativa ao princípio de igualdade entre as partes etc. Tudo foi ultrapassado pelas exigências do processo trabalhista.
>
> Torno a repetir que existem, entre nós, coincidências muito profundas quanto à essência e ao destino do Direito Processual do Trabalho. Quero, apenas, esclarecer, para fugir a uma apreciação errônea por parte de quem não conheça a realidade de nosso país, que a orientação que comento poderia ser justificada, porque neste Projeto não se trata, por enquanto, de iniciativas do tipo,das que preocupam ao Professor Trueba Urbina e a mim".[33]

---

[33] Obra citada de E. COUTURE, p. 138, onde o próprio responde: "A resposta será, também, muito breve, porque, na realidade, existem entre o Professor Trueba Urbina e a minha pessoa profundas consonâncias sobre o conteúdo e o destino do Direito Processual do Trabalho.
No tocante a sua sugestão acerca do princípio de igualdade, não me considero, neste momento, em condições de dar nenhuma solução. Direi, apenas, que suas premissas ficam, em certo sentido, gravadas em mim. Poderia dizer que ficam em estado de fermentação e de sugestão. Tratarei de cristalizar sua observação, o mais depressa possível e da melhor maneira, em um texto adicional".

Entre nós, José Fernando Ehlers de Moura expressou semelhantes preocupações quanto ao Direito Processual do Trabalho e Civil.[34] Em estudo, mais próximo às conclusões, ele observa que:

---

[34] JOSÉ FERNANDO EHLERS DE MOURA, Revista do TRT da Quarta Região, número 7, 1974, p. 25, onde se lê: "Trueba Urbina, entretanto, que escreveu, quiçá, a obra de Direito Judiciário do Trabalho de maior transcendência na América do Sul, sustenta que o Direito Judiciário do Trabalho destruiu ou renovou, um a um, os princípios fundamentais do processo civil, de modo a deixar intacta, apenas, a estrutura lógica do processo.
Com efeito, o direito processual civil admite implicitamente a igualdade de condições dos litigantes no processo, o que não é corrente no processo do trabalho. CARNELUTTI já esboçara a regra de se atribuir o ônus da prova à parte que esteja provavelmente na situação mais favorável para produzi-la. Encontramos esse princípio esposado na doutrina estrangeira e na legislação processual do trabalho de alguns países.
O estado de subordinação do trabalhador, a sua instrução inferior na maioria das vezes, não raro analfabeto, ao passo que as empresas possuem departamento pessoal com escrituração e registros próprios, além de controle da freqüência e do horário de trabalho, são condições e circunstâncias que colocam o empregador em situação mais favorável para produzir prova de dados do contrato de trabalho e da prestação, inclusive dos próprios fatos constitutivos dos direitos do empregado, realidade que contraria os princípios esposados pelo art. 209 do Cód. de Processo Civil, aplicável subsidiariamente ao processo do trabalho, e que aponta para a estrada larga da inversão do ônus da prova. A não ser assim, a única prova que ficaria ao alcance do trabalhador seria a testemunhal, justamente a mais falha, além de constituir-se na mais das vezes em colegas de serviço do litigante, constrangidos pelo temor que a repercussão de suas declarações pode causar, podendo acarretar-lhes, inclusive, a perda do emprego com prejuízo da sua subsistência.
Com muita acuidade, adverte Lopes da Costa que em processo a pesquisa da verdade não é somente um problema de lógica, mas também um problema político. Daí as largas possibilidades que se abrem no processo do trabalho à teoria da inversão do ônus da prova. Apesar de não ter esta se constituído em formulação do Direito do Trabalho, está sendo, como afirmou Russomano, 'uma conquista desse direito'.
Nasceu a teoria da inversão do ônus da prova no campo civil. Daí se difundiu para o âmbito da infortunistica, na época em que esta era de índole inteiramente civil, orientada, inclusive, pelos princípios civilistas. Nesse tempo a concepção que dominava para explicar o pagamento das indenizações por acidentes de trabalho e moléstias profissionais era a teoria da culpa. As enormes dificuldades para se demonstrar a culpa do empregador, a ponto de acarretar o indeferimento da indenização ao trabalhador acidentado na maior parte dos casos, com consideráveis reflexos sociais, inspiraram aos defensores da teoria da culpa na infortunistica a adoção do princípio da inversão do ônus da prova. De acordo com este passou-se a presumir a culpa do empregador no acidente do trabalho, atribuindo-se ao empresário o ônus de provar que não houvera culpa sua no acidente". (o artigo citado do CPC é o de 1939).

"De outro lado, o mesmo insigne Carnelutti percebera a valia do princípio de se atribuir a carga da prova à parte que esteja na melhor situação para oferecê-la. Infere-se desse princípio ser irrelevante tratar-se de autor ou de réu quem deva arcar com o *onus probandi* do fato.
Daí por que o Anteprojeto de Código de Processo do Trabalho do preclaro Ministro Russomano dispõe no parágrafo único de seu art. 77, após haver adotado no *caput* do artigo o princípio de que 'a prova das alegações incumbe à parte que as fizer: A ausência do trabalhador ao emprego fará presumir sua despedida, até prova em contrário, salvo nos casos de abandono de emprego em que o empregador tenha comunicado o afastamento do empregado à autoridade local do Ministério do Trabalho e Previdência Social, mediante documento escrito'."[35]

Mais recentemente, Francisco Rossal de Araújo lembrou o "princípio de oportunidade de prova", dizendo:

"As partes devem ter igualdade na oportunidade para a produção de provas. Toda a prova tornada possível a uma delas, deve ser oportunizada à outra. Esse princípio não se confunde com o ônus probatório. Na prova documental, por exemplo, a oportunidade de prova diz respeito ao momento da produção, e não ao conteúdo ou à distribuição do seu ônus. No Processo do Trabalho, o empregador tem um ônus diferente do empregado no que tange aos documentos, porque a maioria dos documentos existentes na relação de emprego são originados (feitos) pelo empregador. Nessas circunstâncias,

---

[35] JOSÉ FERNANDO EHLERS DE MOURA, mesma Revista do TRT da Quarta Região, p. 29.

interpretar igualdade de oportunidades como igualdade de ônus constitui profundo equívoco."[36]

O Código de Defesa do Consumidor representou novos e importantes avanços, em matéria das provas. Kasuo Watanabe afasta as críticas contra certo rigorismo desta Lei, principalmente quanto ao artigo 6º, inciso VIII:

> "O dispositivo prevê duas situações distintas: a) verossimilhança da alegação do consumidor e b) hipossuficiência do consumidor.
> Na primeira situação, na verdade, não há uma verdadeira inversão do ônus da prova. O que ocorre, como bem observa Leo Rosenberg, é que o magistrado, com a ajuda das máximas de experiência e das regras de vida, considera produzida a prova que incumbe a uma das partes. Examinando as condições de fato com base em máximas de experiência, o magistrado parte do curso normal dos acontecimentos e, porque o fato é ordinariamente a conseqüência ou o pressuposto de um outro fato, em caso de existência deste, admite também aquele como existente, a menos que a outra parte demonstre o contrário. Assim, não se trata de uma autêntica hipótese de inversão do ônus da prova.
> Cuidou o legislador, apesar disso, de explicitar a regra e o fez com propósitos didáticos, para lembrar aos operadores do Direito, não muito propensos a semelhante critério de julgamento, que é ele inafastável em processos que tenham por conteúdo o direito do consumidor. E há, no dispositivo, também a lembrança de que, tratando-se de tutela do direito do consumidor, deve ser utilizado com mais

---

[36] FRANCISCO ROSSAL DE ARAUJO, Estudo de Doutoramento antes mencionado.

freqüência regra inscrita no art. 335 do Código de Processo Civil.

Na segunda situação, que é a da hipossuficiência, poderá ocorrer, tal seja a situação do caso concreto, uma verdadeira inversão do ônus da prova".[37]

O renomado processualista, mais adiante, quanto ao momento de aplicação da regra de inversão do onus da prova, relata o debate, posicionando-se com maior cautela.[38] Em obra anterior, quase contemporânea ao Código de Defesa do Consumidor, Lei 8.078, de 11 de setembro de 1990, José Roberto dos Santos Bedaque, também sustenta que "as regras relativas à distribuição do ônus da prova devem ser levadas em conta pelo juiz apenas e tão-somente no momento de decidir". Alexandre Freitas Câmara acredita estar tratando-se de "regras de julgamento", relacionando o tema com o "princípio

---

[37] KAZUO WATANABE. *Código de Defesa do Consumidor Comentado pelos Autores do Anteprojeto*, Forense Universitária, 1.999, p. 712.

[38] KAZUO WATANABE, obra citada, p. 714, dizendo: "Não se desconhece a existência de entendimento doutrinário e de julgados que defendem a tese de que 'o deferimento da inversão do ônus da prova deverá ocorrer entre o ajuizamento da demanda e o despacho saneador, sob pena de se configurar prejuízo para a defesa do réu' (TJSP, Agr. Instr. n° 014.305-5/8, 4ª Câmara de Direito Público, rel. des. José Geraldo de Jacobina Rabello, j. 5.9.96).

Não nos parece a melhor inteligência do dispositivo legal em análise. Na mesma linha do nosso entendimento exposto, a Col. 9ª Câmara Civil do Tribunal de Justiça de São Paulo teve a oportunidade de proclamar que 'preceito legal algum determina que o citado art. 6°, VIII, só pode ser aplicado quando o juiz, antes do início da instrução probatória, tenha decidido ser o caso de sua incidência'. Além disso, 'se a inversão do ônus probatório, no caso do art. 6°, VIII, depende da verossimilhança da alegação do consumidor ou de sua hipossuficiência, força é entender que o juiz não pode decidir antecipadamente a respeito, posto que as citadas circunstâncias fáticas ao menos na maioria dos casos dependem de elucidação probatória, não comportando, portanto, decisão antecipada' (Ap. Civ. 255.461-2/6, rel. des. Aldo Magalhães, j. 6.4.95).

É, todavia, medida de boa política judiciária, na linha evolutiva do processo civil moderno, que confere ao juiz até mesmo atribuições assistenciais, e na conformidade da sugestão de Cecília Matos, que, no despacho saneador ou em outro momento que preceda a fase instrutória da causa, o magistrado deixe advertido às partes que a regra de inversão do ônus da prova poderá, eventualmente, ser aplicada no momento do julgamento final da ação. Com semelhante providência ficará definitivamente afastada a possibilidade de alegação de cerceamento de defesa."

da comunhão" das provas, ou seja, no momento em que estão sendo produzidas passam a integrar os autos, tendo menor relevância saber-se de quem é o ônus.[39]

Na prática perante a Justiça do Trabalho, tem sido cada vez mais freqüente a tentativa de ouvida das testemunhas conforme o ônus das partes, em ordem, ou seja, primeira as da reclamada, principalmente quando se examina alegação de justa causa. Na verdade, o próprio artigo 765 da Consolidação das Leis do Trabalho afirma um poder de direção do processo ao juiz mais amplo que o CPC. Falta, de qualquer modo, uma melhor definição do tema, talvez até em lei, porque existirão inúmeras conseqüências deste outro entendimento. Eventualmente, este novo avanço somente venha a ser viável quando o mesmo debate for mais intenso na Justiça Comum.

4.2.5. Conclusão

O mencionado Professor Bedaque, Desembargador em São Paulo, noticia uma tendência visível fora de nosso País quanto ao papel do Juiz, em matéria das provas. Ele afirma que:

> "A concepção de que o reforço da autoridade do juiz, que dá origem ao chamado processo inquisitivo, corresponde a regimes não democráticos de governo, é absolutamente equivocada. Aquilo que se convencionou chamar de processo acusatório, onde os poderes de iniciativa das partes são levados a extremos, resulta de um individualismo po-

---

[39] JOSÉ ROBERTO DOS SANTOS BEDAQUE. *Poderes Instrutórios do Juiz*, Editora Revista dos Tribunais, 1991, p. 86. ALEXANDRE FREITAS CÂMARA, obra citada, p. 347.

lítico e filosófico já ultrapassado, pois não atende à realidade socioeconômica do Estado moderno, cuja atividade é toda voltada para o social".[40]

O reconhecimento de que o magistrados também vivem em sociedade, onde inclusive exercem a cidadania, recolhendo um certo conhecimento da realidade, não pode deixar de ser considerado nos dias atuais. O Juiz do Trabalho, em São Paulo, Jorge Luiz Souto Maior constatou que as decisões judiciais não podem mais se deslocar "daquilo que muitas vezes já é do conhecimento geral".[41]

Pensando-se com mais profundidade, percebe-se que "será parcial o juiz que deixar de determinar, de ofício, a produção de certa prova, pois, nesse caso estará favorecendo a parte a quem tal prova seria prejudicial", como afirma Alexandre Freitas Câmara. Analisando os atuais rumos do direito probatório, Ovído Baptista da Silva propõe, até mesmo, uma diferente utilização dos diversos meios de prova, privilegiando-se a inspeção judicial.[42]

---

[40] JOSÉ ROBERTO DOS SANTOS BEDAQUE, obra citada, p. 60, no sentido de que: "Após breve análise da legislação estrangeira, a respeito dos poderes instrutórios do juiz, percebe-se uma nítida tendência no sentido de sua ampliação. Existem, todavia, ordenamentos jurídicos fortemente influenciados por concepções privatistas ultrapassadas, em que o julgador ocupa ainda a posição de mero observador do duelo travado entre os litigantes, sem qualquer preocupação com o resultado do processo. Por isso, pode-se dividir o direito alienígena em três grandes grupos: aqueles que não conferem poder instrutório ao juiz, aqueles que o fazem com restrições e os que permitem amplamente a investigação probatória oficial. Integra o primeiro grupo, sem sombra de dúvida, o direito espanhol, fortemente influenciado pelo chamado princípio dispositivo." Após, ele menciona as leis de Chile, Itália, França, Argentina, Áustria, União Soviética, Hungria, e Checoslováquia, afirmando "que o Brasil é apontado pela doutrina estrangeira, juntamente com a Alemanha, Itália, México, Argentina, Áustria e Rússia, como um país em que encontra-se consagrada a tendência moderna de concessão de poderes instrutórios ao juiz."

[41] JORGE LUIZ SOUTO MAIOR, Boletim da Associação dos Juízes para a Democracia, São Paulo, número 22, p. 7.

[42] ALEXANDRE FREITAS CÂMARA, obra citada, p. 41. OVÍDIO BATISTA DA SILVA, "Curso de Processo Civil!, volume I, Sérgio Fabris Editor, Porto Alegre,

Acredita-se, então, na necessidade e possibilidade de novos avanços dos estudos sobre tema. Certamente, em breve, poder-se-á estar em melhores condições de bem compreender e mais transformar a realidade, bem como, em alguns instantes, quase só observá-la, como diz a canção:

"*NÃO: NÃO DIGAS NADA* – Secos e Molhados
Não: não digas nada
Supor o que dirá
A tua boca velada
É ouvi-lo já
É ouvi-lo melhor
Do que o dirias
O que és não vem à flor
Das frases e dos dias
És melhor do que tu
Não digas nada, sê
Graça do corpo nu
Que invisível se vê".

---

p. 325. Ali, o culto professor, além da maior celeridade, aponta que "os princípios de oralidade e imediatidade a que aspiram os ordenamentos modernos, teria, na inspeção judicial, sua expressão mais autêntica e efetiva, fazendo com que se evitasse a justa observação crítica de CAPPELLETTI de que a oralidade que se pratica no direito contemporâneo, de um modo geral, é simples oralidade protocolar e não a verdadeira oralidade."

— 4 —
Reformas Processuais

4.1. Os alicerces devem ficar*

Ricardo Carvalho Fraga
Maria Madalena Telesca

4.1.1. Destruição da estrutura ou alterações processuais

A Reforma do Poder Judiciário, atualmente em tramitação no Senado Federal, tem gerado muitas expectativas a todo leigo em matéria jurídica. Os meios de comunicação e a propaganda oficial tentam fortalecer a crença que esta será a solução para o problema da morosidade processual.

Sabemos, no entanto, que a Reforma do Poder Judiciário, em curso, não terá o condão de resolver esta mazela, da demora, que atormenta a vida dos julgadores, advogados e jurisdicionados. Neste sentido foram os depoimentos dos Ministros Carlos Velloso, Presidente do STF, e Paulo da Costa Leite, Presidente do STJ, quando compareceram às audiências públicas da Comissão de Constituição e Justiça do Senado Federal, em outubro de 2000.

---

* O presente texto foi apresentado com o objetivo de provocar o debate entre os Juízes do Trabalho reunidos na AMATRA RS, dia 11 de novembro de 2.000, bem como incentivar outros Fóruns com outros segmentos tendentes a influenciar o processo legislativo de alterações processuais, cada vez mais urgentes.

O Projeto de Reforma do Poder Judiciário, tal como aprovado na Câmara dos Deputados, na metade de 2000, altera a estrutura do Poder Judiciário e enfraquece a figura do juiz, entre outros desacertos, e, por outro lado, mantém a mesma legislação processual que permite a interposição de inúmeras medidas que prolongam, quase que indefinidamente, a "vida útil" de um processo.

Em recente reunião dos Juízes do Trabalho do Rio Grande do Sul, em setembro de 2000, na localidade de Ana Rech, Caxias do Sul, repetiu-se nosso descontentamento e discordância com a Reforma do Poder Judiciário em curso. Ali, em debate com a presença do atual Vice-Presidente da Associação dos Magistrados Brasileiros, Cláudio Baldino Maciel sugeriu-se que esta Associação busque o debate mais intenso sobre alterações na própria legislação processual.

A modificação do sistema recursal, de todas as esferas judiciais, e outras medidas na fase de execução, especialmente quanto à Justiça do Trabalho, podem, efetivamente, dar maior celeridade ao processo. Nestes outros debates, poder-se-á, talvez com mais seriedade e maiores frutos, demonstrar a efetiva preocupação da Magistratura Nacional com a eficácia e celeridade da prestação jurisdicional.

Além da redução do número de recursos, tanto no processo de conhecimento quanto no processo de execução são necessárias outras alterações substanciais. Já tramitam projetos de alteração do Código de Processo Civil, sendo alguns de iniciativa do Poder Executivo e outros do Instituto Brasileiro de Direito Processual, bem como de Deputados Federais.

A eliminação do reexame nas causas com valor não excedente de quarenta salários mínimos; recebimento de recursos apenas no efeito devolutivo, inclusive quando a sentença tenha confirmado a antecipação dos efeitos da tutela ou quando esta se basear em Súmula do STF ou de outro Tribunal Superior e de julgamento da lide, pelo Tribunal, nos casos de extinção do processo sem julgamento de mérito, quando a causa versar exclusivamente sobre matéria de direito e estiver em condições de julgamento imediato estão no Projeto de Lei, PL nº 3.474, com o fundamento de que

"Cuida-se de sugestão que valoriza os princípios da instrumentalidade e da efetividade do processo, permitindo-se ao tribunal o julgamento imediato do mérito, naqueles casos em que o juiz não o tenha apreciado mas, sendo a questão exclusivamente de direito, a causa já esteja em condições de ser inteiramente solucionada. Anota-se que o duplo grau não é imposição constitucional. Consoante Carreira Alvim, 'como o processo não é um fim em si mesmo, mas um meio destinado a um fim, não deve ir além dos limites necessários à sua finalidade. Muitas matérias já se encontram pacificadas no tribunal - como, por exemplo, na Justiça Federal e na dos Estados, as questões relativas à expurgos inflacionários - mas muitos juízes de primeiro grau, em lugar de decidirem de vez a causa, extinguem o processo sem julgamento de mérito, o que obriga o tribunal a anular a sentença devolvendo os autos à origem para que seja julgado no mérito. Tais feitos, estão muitas vezes, devidamente instruídos, comportando julgamento antecipado da lide (art. 330 do CPC) mas o julgador, por apegado amor às formas, se esquece de que o mérito da causa constitui a razão primeira e última do próprio processo'."

2. Outras alterações gerais quanto aos recursos

O Deputado Federal da Bahia, Jacques Wagner, apresentou Projeto de Lei, n° 168 de 1999, modificando a Lei 5.584, com o aumento significativo dos processos não submetidos a recurso, bem como reduzindo sensivelmente os casos de cabimento do Recurso de Revista, que abarrota de processos o TST. O primeiro item mencionado, relativo à restrição de recursos para causas de menor valor, é tema, agora reavivado, após o veto Presidencial a artigo da Lei 9.957, que restringe os recursos nos processos do rito sumaríssimo. Na justificativa destas proposições, o ilustre Deputado Federal da Bahia assinala que:

> "... muitas das primeiras 'ousadias' do Direito Processual do Trabalho, as quais chocaram os conservadores de sua época, acabaram por receber consagração prática e doutrinária, encontrando-se incorporadas, atualmente, ao Direito Processual Comum, como é o caso, por exemplo, da comunicação de atos processuais por via postal e das ações coletivas. ...um alerta contra excessivo número de recursos possíveis, na processualística do trabalho, bem como contra o 'processualismo que atingiu a Justiça do Trabalho, registrando-se ...que a justiça trabalhista, que se pretendia que fosse mais democrática e mais ágil, adotou em muitos pontos os padrões e os vícios da justiça tradicional, fazendo concessões, inclusive, ao formalismo exagerado' (neste último trecho transcrevendo Dalmo de Abreu Dallari). A problemática motivadora de tais comentários realmente existe, estando a agravar-se de modo constante e preocupante, circunstância que aponta para a necessidade de providências capazes de colaborar na tarefa de recondução do Pro-

cesso do Trabalho a sua simplicidade e a sua agilidade originais. É nessa perspectiva que devem ser vistas as quatro seguintes providências aventadas no projeto. A primeira delas diz respeito a eliminação da possibilidade de interposição de recurso de revista, com base em divergência jurisprudencial, facultando-se tal recurso apenas para as hipóteses de 'violação de literal dispositivo de lei federal ou da Constituição da República' (art. 896) ...".

O juiz argentino Rodolfo Capon Filas, ao examinar uma apelação (Sala IV, Expediente 19.293/93, Julgado 45) em que restou convencido de que o empregador-recorrente atacava uma "excelente" sentença sem apontar de forma objetiva qualquer elemento que justificasse sua irresignação, concluiu que a postura do recorrente era maliciosa e imputou-lhe, além da condenação, uma multa, no que foi acompanhado pelos demais integrantes do colegiado que integra, manifestando-se, nos seguintes termos:

"Teniendo en cuenta que el demandado no sólo há injuriado al actor sino intenta tambien legitimar su anti/juridicidad, discutiendo en la alzada una excelente sentencia, sin aportar elemento objectivo algundo que de alguna manera justificase el intento, cabe declara que su conducta ha sido maliciosa en los términos de RCT art. 247 y condenar-lo a satisfacer al actor, sobre el capital de condena, una suma equivalente a 250% de la tasa que percibe el Banco de la Nación Argentina en sus operaciones comunes de créditos."

Saliente-se, igualmente, a proposta do Deputado Federal José Roberto Battochio, de São Paulo, em um dos quatro sub-relatórios à Comissão de Reforma do

Poder Judiciário, anteriores aos Substitutivos finais analisados pela Câmara Federal, de que:

"ao reformar decisão o tribunal deve resolver o mérito, mesmo que a decisão recorrida se tenha omitido sobre as alegações das partes ou seja nula, ressalvada a necessidade de produzir prova".

Merecem registro as inúmeras manifestações de vários Juízes do Trabalho de primeiro grau do Rio Grande do Sul propugnando pela melhor definição do papel das decisões de primeiro grau quanto ao exame da matéria de fato e do segundo grau, quando a formulação da jurisprudência, propriamente dita. Neste sentido é, por exemplo, o estudo "Fatos e Jurisprudência – Reflexões Iniciais" (Suplemento Trabalhista LTr, nº 117/99 e último capítulo da publicação "Direito e Realidade", nº 1, Editora Livraria do Advogado, 2000). Ali, está expresso que, de modo diverso do atual, tanto os julgamentos de primeiro grau quanto os de segundo grau, poderiam melhor cumprir suas funções, as quais são bem distintas entre si.

O Juiz do Trabalho no Rio Grande do Sul, Clóvis Fernando Schuch Santos, ex-Presidente da AMATRA IV, em recente artigo publicado no Jornal do Comércio, lembrou a necessidade de enfrentarmos a nova realidade, que apresenta novas exigências ao Pode Judiciário, dizendo que:

"Realmente, novos direitos conquistados na Carta Magna e posteriores leis, discussões intermináveis sobre a correção de créditos e ou depósitos, como no caso do FGTS, e até mesmo as disposições internacionais sobre a proteção do trabalho que o país integra e aplica através de convenções ou recomendações da OIT, posteriormente convertidos em lei, aumentam as demandas acima até mesmo de suas estruturas, provocando o debate do que fazer, inclusive com a Justiça do Trabalho."

Acaso consigamos avançar nestes debates, talvez, possamos afastar as tentativas de total abandono dos aprendizados processuais anteriores, tais como está proposto em Projeto de Lei, também tramitando no Congresso Nacional, quanto ao recurso de Revista. Ali, está proposto que:

"Art. 896-A. O Tribunal Superior do Trabalho não conhecerá de recurso oposto contra decisão em que a matéria de fundo não ofereça transcendência com relação aos reflexos gerais de natureza jurídica, política, social ou econômica. § 1º Considera-se transcendência: I - jurídica, o desrespeito patente aos direitos humanos fundamentais ou aos interesses coletivos indisponíveis, com comprometimento da segurança e estabilidade das relações jurídicas; II - política, o desrespeito notório ao princípio federativo ou à harmonia dos Poderes constituídos; III - social, a existência de situação extraordinária de discriminação, de comprometimento do mercado de trabalho ou de perturbação notável à harmonia entre capital e trabalho; IV - econômica, a ressonância de vulto da causa em relação a entidade de direito público ou economia mista, ou a grave repercussão da questão na política econômica nacional, no segmento produtivo ou no desenvolvimento regular da atividade empresarial. § 2º O Tribunal, ao apreciar recurso oposto contra decisão que contrarie a sua jurisprudência relativa à questão transcendente, salvo o caso de intempestividade, dará prazo para que a parte recorrente supra o não-preenchimento de pressuposto extrínseco do recurso. § 3º O Tribunal não conhecerá de recurso fundado em aspecto processual da causa, salvo com apoio em disposição constitucional direta e literalmente violada, quando o tema de fundo estiver pacificado em sua jurisprudência no sentido da decisão proferida pelo tribunal inferior. Art. 2º O Tribunal Superior do Trabalho regulamentará, no prazo de sessenta dias da publicação desta Lei, o procedimento de seleção dos recursos transcendentes e de uniformização na aplicação dos critérios de transcendência".

3. Execução, o momento mais lento

A crise econômica e financeira enfrentada pela nação brasileira tem causado muitos transtornos na execução dos processos na Justiça do Trabalho. Além dos inúmeros recursos interpostos pela parte executada o Juiz se defronta com a dificuldade em localizar patrimônio do executado para garantia do Juízo.

Inúmeras propostas e teses têm sido apresentadas e desenvolvidas com o objetivo de acelerar a execução e simplificar os incidentes dessa importante fase do processo. A proposta mais importante é a de criação de Varas de Execução centralizada, naquelas cidades que têm duas ou mais unidades judiciárias.

Em algumas regiões, como São Paulo, Paraná, Rio Grande do Norte, Piauí, Mato Grosso e outras, num total de sete, em caráter experimental, foram implantadas Centrais Integradas de Execução, para onde são encaminhados os processos, pelas Varas de origem.

No período de 19 a 21 de março de 1998, num evento promovido pela AMATRA IV e a Justiça do Trabalho de Novo Hamburgo os juízes Guilherme Caputo Bastos, do Mato Grosso, Valdomiro Antônio da Silva, do Paraná e Manoel Medeiros da Silva de Souza, do Rio Grande do Norte, relataram a experiência da Justiça do Trabalho em seus estados e mostraram os resultados animadores dos Juizados de Execução.

A Juíza do Trabalho Vânia Cunha Mattos e um dos signatários do presente apresentaram no XII Encontro Regional da AMATRA IV, realizado na cidade de Santo Ângelo, de 17 a 20 de abril de 1998, a tese "Execução - Outras Regiões", na qual salientavam que em Mato Grosso, a implantação da Secretaria Integrada de Execução aumentou em dez vezes o valor dos créditos satisfeitos e no Rio Grande do Norte, em quatro vezes o valor das contas pagas; que no Piauí o índice de conciliações elevou-se de 23% para mais de 60% após a agilização da execução através da Central de Execução Integrada. Destacaram, ainda o trabalho, no Paraná, de oito juízes junto a cinqüenta servidores na Central de Execução Integrada.

Concluem o seu trabalho propondo o apoio a iniciativas no sentido de instalação de Centrais Integradas de Execução no Rio Grande do Sul, proposta que já constava de outra tese, "Executando", também aprovada, apresentada no XI Encontro Regional da AMATRA IV, realizado na cidade de Passo Fundo, de 3 a 6 de abril de1997, e ainda no III Encontro de Magistrados do Trabalho na Região Sul, em setembro de 1997, na cidade de Canela - RS (livro "Continuando a história - Direito do Trabalho no limiar do novo milênio", Amatra IV, Editora LTr, p. 182/183; 255/258 e 300).

A experiência na cidade de Curitiba é bastante positiva e tem servido de modelo para aquelas Regiões que estão a pleitear a implantação de Secretarias de Execução, enquanto não for aprovada a criação, por lei, de Varas de Execução Centralizadas.

As Centrais de Execução Integrada abreviam a demora na execução na medida em que, por exemplo, impede que o executado indique novamente um bem com vícios, como garantia da execução, já rejeitado num outro processo e ainda a constrição de bem, daquela executado, que tenha ensejado o ajuizamento de Embargos de Terceiros, troca de informações tais como endereços e composições societárias das empresas executadas etc.

No Rio Grande do Sul já existem as Centrais de Mandados, que embora insuficientes, racionalizaram em muito as atividades dos Oficiais de Justiça. Em Natal, Rio Grande do Norte, tem-se notícia de Dia Unificado de Leilões, para todas as diversas Unidades Judiciárias, reforçando a publicidade e a própria transparência destes atos finais de execução.

Já em maio de 1998, os colegas juízes do Trabalho da Quarta Região, Antonia Mara Vieira Loguércio e Luiz Alberto de Vargas encaminharam tese ao IX Congresso Nacional dos Magistrados do Trabalho, realizado na cidade de Curitiba (publicada na Revista da ANAMATRA, nº 38, p. 37/41), na qual sugerem como medidas para acelerar a execução:

> "a admissão de apenas um agravo de petição do qual não caiba qualquer outro recurso; recomendação de larga utilização, pelos Juízes de Primeiro Grau, do fator inibitório dos recursos na fase executória pela aplicação determinada dos preceitos do art. 879, parágrafo segundo da CLT, com a redação da Lei 8432/92, não recebendo embargos à execução ou agravos de petição atingidos pela preclusão ali previstas e ainda, alerta aos Juízes do Tribunais Regionais e TST dos riscos no acolhimento de Ações Rescisórias e Mandados de Segurança de que redundem protelação ou inefetividade na prestação jurisdicional trabalhista com o conseqüente descrédito da Justiça do Trabalho".

Alcides Matté, Juiz do Trabalho gaúcho, em tese apresentada no XI Encontro Regional da AMATRA IV, em abril de 1997, em Passo Fundo, também publicada na obra *Continuando a história*, p. 170/173, sugere como medida profilática para elidir os prejuízos do empregado e evitar que haja enriquecimento sem causa do empregador, que se propugne pela edição de norma positiva, instituindo um adicional acumulativo a incidir sobre o total do crédito apurado no processo trabalhista em percentual a ser fixado .

Salienta que essa medida trará a empresa maiores motivações para, na ocorrência de reclamatórias trabalhistas, para desde logo compor o litígio por conciliação ou reconhecimento do débito e sua imediata satisfação e fará com que não tenha interesse na procrastinação para a solução final do litígio.

4.1.4. A Lei 9.957 na Justiça do Trabalho*

Realizou-se o 5º Encontro de Juízes dos Estados de Paraná, Santa Catarina e Rio Grande do Sul, de 12 a 14 de outubro, em Londrina, com a presença de 125 Juízes do Trabalho dos três Estados.

Um dos temas debatidos foi o rito sumaríssimo introduzido pela Lei 9.957/2000. Verificou-se que o percentual de reclamatórias trabalhistas ajuizadas submetidas a este rito aumenta dia a dia, já quase atingindo metade.

O número de recursos ordinário é mínimo e a reforma da decisão também. Neste particular, constatou-se que no Paraná, igualmente, nos demais processos do

---

* Este item foi publicado sob o título "Julgamento Célere e Efetivo" na *Revista de Jurisprudência de HS Editora*, Porto Alegre, número de outubro de 2000 e Jornal Correio do Povo de 21 de outubro de 2000.

rito comum ordinário, o percentual de reformas das decisões de primeiro grau pelo segundo grau é inferior a dez por cento (10%).

Entre as dificuldades comuns, manifestadas pelo plenário destes Juízes, e que constam da Carta de Londrina, destaca-se a insuficiência de Juízes e Servidores: "embora o objetivo perseguido pela nova lei, nenhum cuidado teve o Poder Legislativo no sentido de prover o Judiciário de meios e modos para fazer face à referida expectativa, como, por exemplo, a ampliação dos quadros da magistratura e de servidores, além do fornecimento de recursos materiais".

Em Paraná e Santa Catarina os cargos existentes estão preenchidos, minorando esse problema, situação diversa do Rio Grande do Sul, que tem mais de trinta cargos de Juízes vagos desde muito tempo, estando com concurso ainda não findo.

A sugestão mais enfatizada neste Encontro de Juízes dos três Estados do Sul do País, para dar efetividade aos julgamentos submetidos a um procedimento mais célere, foi no sentido de que a lei deveria ter exigido o depósito integral do valor da suposta condenação, já desde o primeiro grau, desestimulando a interposição de recursos protelatórios, até em razão do veto do Presidente da República ao inciso I do § 1º do art. 895 da CLT, que estabelecia a impossibilidade de recurso, salvo violação direta a literal texto.

4.2. Direito do Trabalho - resistindo e evoluindo

Ricardo Carvalho Fraga
Maria Madalena Telesca

4.2.1. O futuro da Justiça do Trabalho*

O Primeiro Fórum Nacional da Ordem dos Advogados do Brasil seção RS, de agosto de 2000, em Porto Alegre, no debate sobre o futuro da Justiça do Trabalho, propicia-nos novos questionamentos.

Na verdade, o futuro da Justiça do Trabalho e o futuro do Direito do Trabalho são dois temas diversos. A opinião de cada um de nós sobre o futuro da Justiça do Trabalho depende da avaliação que cada um tenha sobre as forças políticas do país.

Cada um de nós tem um avaliação diversa sobre a dimensão do poder político que o Senador Antonio Carlos Magalhães e seus aliados detêm. Cada um de nós tem uma avaliação diversa sobre o rumo da política em nível mundial.

Quem acompanhou algumas das várias votações da reforma do Poder Judiciário em Brasília percebe um

---

* Esse capítulo foi elaborado para palestra da primeira signatária para o Primeiro Fórum da OAB-RS, realizado em agosto de 2000 e o segundo capítulo para manifestação do segundo signatário para manifestação em sala de aula da Pós-Graduação da Administração da UFRGS, em outubro de 2000.

grande e grave distanciamento entre o que ocorre na Capital e a sociedade brasileira. A relevância de certos acontecimentos não é visível para aqueles que dão prioridade excessiva ao divulgado pela grande imprensa e ao que se debate apenas dentro do Parlamento.

Nos Países centrais persistem, sim, regras de Direito do Trabalho e, por óbvio, a necessidade destas. Em alguns locais, a exploração mais acentuada ocorre, exatamente, com os trabalhadores imigrantes, sejam mexicanos nos EUA ou turcos na Alemanha ou mesmo portugueses no restante da Europa, entre outros. Na Espanha, o trabalho em tempo parcial, fruto de farta legislação, não tem resolvido o problema do desemprego, valendo mencionar e anunciar os estudos do colega Juiz do Trabalho Luís Alberto de Vargas, agora, doutorando em Barcelona.

Na Argentina, o incentivo aos contratos de experiência, mais recentemente, passou a ser abandonado, entre outras razões, pelas dificuldades do próprio governo em fazer crescer os fundos semelhantes ao FGTS do Brasil.

A existência de regras para o trabalho humano é uma conquista social que não se pode esquecer. Novo tema e bem mais difícil é o relativo aos questionamentos sobre a superação do trabalho subordinado, o que, certamente, somente será viável em uma sociedade bem mais evoluída e muito próxima ao reinado do lazer.

De qualquer modo, por ora, vivemos em uma sociedade com menores avanços sociais, tais como, tem apontado Ricardo Antunes, ao mencionar que "Enquanto se opera no plano gnosiológico, a desconstrução ontológica do trabalho, paralelamente, no mundo real, este se converte (novamente?) em uma das mais explosivas questões da contemporaneidade" (Caderno Mais, da Folha de São Paulo de 13 de agosto de 2000, p. 8).

Tarso Fernando Genro é um dos principais autores que têm buscado o estudo desta provável superação do trabalho subordinado, já hoje. De qualquer modo, até estes outros momentos históricos, por ora, necessitamos de "mais calor ao Direito do Trabalho", conforme texto, justamente com este título, do mesmo Tarso Fernando Genro, em nº 65, de Revista do Tribunal Superior do Trabalho.

Se qualquer trabalho humano, salvo se for muitíssimo para além dos limites da subordinação e da nossa atual ordem social, como antes visto, terá necessidade de algumas regras, muito mais ainda persiste esta necessidade no atual estágio destas relações sociais.

A nossa atuação como Juízes do Trabalho nos faz perceber, todo dia, em sala de audiência, ao vivo, o não-registro da Carteira de Trabalho, não só no mercado informal mas também no mercado formal, em fraude à legislação.

O desrespeito ao limite da jornada é flagrante e está presente mesmo nos setores mais modernos da economia. Os projetos de redução da jornada de trabalho são atuais, valendo mencionar-se o dos Deputados Federais Paulo Paim e Inácio Arruda. Do mesmo modo, muito mais urgentes são, ou deveriam ser, as críticas e combates às práticas de desrespeito ao limite da jornada, atualmente previsto.

As condições de saúde e higiene no trabalho têm-se aperfeiçoado muito pouco, em nosso País. Sabemos que o adicional de insalubridade sobre a remuneração ou, mais ainda, sobre o salário mínimo, tem sido insuficiente para que as empresas efetivamente melhorem as condições de saúde e higiene no trabalho.

Talvez se pudesse pensar como nos EUA, onde são altíssimos os valores das ações de indenização por dano à saúde do trabalhador, assim como, na antiga União

Soviética, na qual, havia responsabilização criminal dos gerentes de empresas que não eliminassem os prejuízos à saúde, quando isto já fosse possível. Medite-se que, em nosso País, é freqüente verificarmos empresas que deixam de colocar uma simples lâmpada de iluminação.

Por tudo isto, acreditamos que uma Justiça do Trabalho própria melhor poderá vencer os novos desafios do Direito do Trabalho. Por isso, apesar de todos os ataques de que tem sido alvo (em decorrência de um caso específico, que inclusive envolve os outros Poderes) já algum tempo, inclusive buscando sua extinção, é imprescindível a sua manutenção e aperfeiçoamento.

A Justiça do Trabalho especializada melhor poderá respeitar e desenvolver os princípios peculiares do Direito Processual do Trabalho. A introdução do Rito Sumaríssimo no Processo do Trabalho já é uma tentativa, ainda que tímida e insuficiente, da busca de solução mais rápida para os conflitos trabalhistas, num País onde tramitam mais de 2 milhões de ações trabalhistas, resgatando não só as origens da Justiça do Trabalho, mas também a confiança das partes envolvidas.

A Justiça do Trabalho autônoma melhor poderá construir os procedimentos processuais específicos e necessários à solução das velhas e novas controvérsias trabalhistas. Nesta Justiça especializada muito melhor se poderá construir e aperfeiçoar uma postura profundamente democrática e socialmente responsável dos juízes e demais profissionais.

É sempre importante ressaltar que a Justiça do Trabalho é a única em que o cidadão mais desvalido comparece na condição de autor, e não de réu, e isto é o que tem perturbado alguns poucos que ainda teimam em tentar frear a consolidação da cidadania para muitos.

4.2.2. Novo século e velhas questões

Harry Braverman (Trabalho e Capital Monopolista - a degradação trabalho no Século XX) aponta que "o trabalho humano é consciente e proposital, ao passo que o trabalho dos outros animais é instintivo. As atividades instintivas são inatas antes que aprendidas e representam um padrão relativamente fixo para a liberação de energia ao receber estímulos específicos. Observou-se, por exemplo, que uma lagarta tendo completado a primeira metade de seu casulo prosseguirá construindo a segunda sem se importar mesmo que a primeira seja retirada. Uma ilustração mais nítida do trabalho instintivo é dada pelo que segue: o pássaro tecelão da África do Sul constrói um complicado ninho de gravetos tendo como base uma borda nodosa de crina. Um certo casal foi isolado e mantido por cinco gerações entre canários fora do alcance de seus companheiros e sem seus materiais costumeiros para fazer ninho. Na sexta geração ainda no cativeiro mas com acesso aos materiais, ele construiu um ninho perfeito inclusive quanto ao nó da crina" (Editora Guanabara, 1974, p. 50).

Poder-se-ia acrescentar, talvez, que existem indícios no sentido de que o homem, ao contrário dos outros animais, possui o instinto de não se entregar ao trabalho havendo certeza de não recompensa ou recompensa insuficiente.

Já em idade mais avançada da História humana houve o surgimento e fortalecimento do Direito do Trabalho. Márcio Túlio Viana, ex-Juiz do Trabalho em Minas Gerais, em palestra na cidade de Londrina, em outubro de 2000, para mais de 100 Juízes do Trabalho do sul do País, lembrou que as greves ou a ameaça destas ou a realização destas em outros locais forçaram a elaboração das primeiras leis trabalhistas.

Naquele mesmo evento, o eminente Juiz e Professor já mencionado salientou que não se pode agora defender o abandono de conquistas históricas sem contrapartida específicas e concretas registradas e registráveis em documentos. Luiz Felipe Diffini, Juiz de Direito, Presidente da AJURIS, falando em Santa Cruz do Sul durante Encontro dos Juízes do Trabalho, historiando os embates políticos e partidários de época passado, lembrou que o Rio Grande do Sul foi o primeiro Estado a ter a jornada de trabalho reduzida para 9 horas.

O Juiz do Trabalho Ivan Alemão tem apontado em suas aulas na Universidade Estadual do Rio de Janeiro que são freqüentes as manifestações de certos setores do empresariado contra suposto elevado custo da mão-de-obra em nosso País, todavia, não se tendo notícias de questionamentos quanto à necessária subordinação do trabalhador. Sendo assim, este Professor conclui que inexiste descontentamento com a redação do artigo 3º da CLT ou mesmo com o Direito do Trabalho, em sua essência atual.

Em texto sobre terceirização indagamos se "o embasamento original das propostas de terceirização está na busca de melhor desempenho econômico das empresas ou está no reconhecimento da pequena capacidade de a administração de pessoal? Ou, mais ainda, está na incapacidade de administração de pessoal ou está no simples e medieval receio dos embates sindicais?" (Revista da HS Editora e Jornal da Editora Síntese Trabalhista, ambos em 2000, Ricardo Carvalho Fraga).

Tarso Fernando Genro buscou ampliar a possibilidade de proteção aos trabalhadores que já atuam em situações peculiares. Lamentavelmente, belo estudo do ilustre jurista teve maior divulgação e aceitação apenas de seu título: "A crise terminal do direito do trabalho"

(Revista da Anamatra, entre outros). De qualquer modo, a Constituição de 1988 já indicou novos caminhos ao tratar do trabalhador avulso no art. 7º, inc. XXXIV, sobre o qual existe ainda insuficiente literatura.

Francisco Pedro Jucá apresentou brilhante análise da situação referente à modernidade, pós-modernidade, trabalho e Direito. Este Eminente Juiz do Trabalho, inicialmente do Pará e, hoje, de São Paulo lembra Antonio Gramsci quanto ao conceito de crise como aquela situação em que o novo ainda não consegue eclodir, sugerindo, por isto mesmo, não propostas, mas "pistas". Este cuidadoso Juiz e Professor, neste estudo ímpar, apresenta a figura de "um caleidoscópio multifacetado e complexo que com frequência confunde a visão de quem sobre ele se debruça, dando azo a verdadeira armadilha para o analista, porquanto mascare fatos, induz a erros de avaliação e, com indesejável frequência sugere conclusões e inferências precipitadas, tendentes a desmoronar porque fundadas em premissas falsas, apenas esta falsidade não é identificado como tal, tempestivamente. Particularmente no que pertine ao mundo da produção era de descontinuidade se marca pelo fato de que nestes espaços não existem vazios, mas modos de atuação díspares, nisto se formando um mosaico. Se visualizarmos uma linha segmentada, veremos um segmento pós-moderno seguido de um moderno, após um outro pós-moderno seguido de um primitivo na acepção mais lata do termo" (*Renovação do Direito do Trabalho - abordagem alternativa flexibilização*, LTr, 2000, p. 27).

Vicente José Malheiros, Juiz do Trabalho, Presidente do TRT do Pará e Coordenador dos Presidentes de TRTs, narrou em Encontro da Amatra/RS, em Santa Cruz do Sul, as dificuldades dos trabalhadores no Norte e no Nordeste deste País. Naquele mesmo evento, entretanto, o culto magistrado afirmou perceber também neste Estado do sul do país formas peculiares e não semelhantes àquelas do sistema capitalista de produção e, isto, em vários setores da economia. Acreditamos, então, que as dificuldades do Direito do Trabalho neste país são, antes de tudo, dificuldades do próprio sistema capitalista de produção.

— 5 —
Novíssimos temas

5.1. Direito de privacidade do correio eletrônico no local de trabalho: o debate nos Estados Unidos

Luiz Alberto de Vargas

5.1.1. Introdução

Este trabalho foi apresentado como conclusão da disciplina de "Derecho del Trabajo y Derechos Fundamentales del Trabajador" do curso de doutorado da Universidade Pompeu Fabra, em Barcelona, e procura aclarar aspectos de uma situação cada vez mais debatida, ao menos nos Estados Unidos: a privacidade das comunicações eletrônicas de empregados em empresas que utilizam, no curso de suas atividades, redes de comunicação eletrônica, intranet e internet. Por sua importância, este tema está cada vez mais presente em nossa vida cotidiana, em um mundo cada vez mais integrado por sofisticadas redes comunicativas. Estima-se que, em 1996, mais de 25 milhões de pessoas usavam correio eletrônico, cifra que, provavelmente, chegue hoje a 40 milhões.[1] Uma parte considerável de tais usuários são empregados que utilizam o computador da

---
[1] *E-mail and privacy rights*, Erik C. Garcia. Disponível em http://www.law.cornell.edu/uscode/18/ch119.html

empresa. Têm os empregados direito de privacidade em tais comunicações? Este direito é absoluto ou pode estar limitado pelos direitos da empresa? Qual é o fundamento de tais limitações?

Dados os limites do trabalho, optarei por delimitar a investigação a um relato de como se desenvolve tal discussão nos Estados Unidos, conforme o direito americano. Quase toda ela é, por sorte, acessível precisamente através da internet. Através dela podemos constatar que, mesmo em um país que se orgulha do invidualismo e de um respeito quase religioso à propriedade privada, cresce o debate a respeito do direito à privacidade das comunicações privadas do empregado no local de trabalho.

Posteriormente, formularei uma hipotética situação concreta, procurando extrair da mesma as possíveis perguntas pertinentes, já que estamos ainda muito distantes das soluções, seja porque a matéria ainda não proporcionou um debate suficientemente amplo e profundo para gerar um consenso mínimo, seja porque o avanço contínuo das técnicas de comunicação agregam, a cada dia, problemas novos. Assim, as respostas apresentadas são meramente provisórias, sem pretensão de estabelecer nenhum tipo de regra, mas apenas buscando estabelecer algumas diretrizes que, enriquecidas pela crítica, podem ser úteis para os acalorados debates que nos prometem os anos próximos.

Por último, apresentarei uma sugestão de bibliografia para os que pretendem aprofundar o estudo em tal matéria, assim como o endereço eletrônico dos documentos obtidos via internet para a realização deste trabalho.

Agradeço particularmente ao Eng. Carlos Augusto Moreira dos Santos, Mestre em Informática pela Universidade Federal do Rio Grande do Sul, sua ajuda, via correio eletrônico, que proporcionou imprescindíveis dados e valiosas informações.

5.1.2. Notas técnicas

De modo muito breve, apresentarei algumas observações de natureza técnica, essenciais para o desenvolvimento do trabalho.

Ao contrario do que se poderia pensar de uma tecnologia tão avançada, o correio eletrônico é um meio comunicativo que oferece muito pouca privacidade. Pelas características próprias do trânsito de mensagens eletrônicas - circulação algo aleatória pela rede internet - a pouca confidencialidade do sistema parece ser um dado estrutural. É, por tanto, bastante inapropriado o paralelo que se faz, quase automaticamente e sem matizes, com o correio convencional. Apesar dos milhões de dólares anuais investidos pelas empresas americanas,[2] estamos distantes do dia em que tenhamos a certeza de que a mensagem que enviamos somente será lida pelo destinatário.

Tecnicamente, pode-se comparar a confidencialidade de uma mensagem eletrônica a de um cartão postal - e não a de uma carta convencional. Isso ocorre porque a mensagem eletrônica transita por um indeterminável número de "paradas" em diversos computadores antes de chegar a seu destino final. Durante todo esse percurso, a monitoração das mensagens é possível e - o que é mais grave - virtualmente impossível de descobrir.

Ademais, quando se aciona a tecla "delete" para apagar uma mensagem em um computador, ao contrário do que se imagina, esta não desaparece. Rotineiramente, os provedores de acesso fazem cópias "back up" dos "e-mails" ali depositados, como medida de prevenção contra cortes de energia, destruição magnética e/ou

---

[2] A respeito dos riscos do correio eletrônico e dos esforços para torná-lo mais seguro, ver Richard Behar, *"Who's reading your e-mail?"*. Disponível em: http://www.pathfinder.com/@PtuwZwUAMthjG936/fortune/1997/970203/eml.html.

dificuldades de transmissão. Até que o provedor apague a mensagem de seu sistema, este potencialmente pode ser lido sem conhecimento do remetente ou do destinatário. Como se isso não fosse suficiente, mesmo no caso de a mensagem ser apagada ou sobrescrita, existe a possibilidade de "ressuscitá-la" por meio de cópias "back up", operações de "undelete" ou comandos de busca de "hidden documents".[3]

Existem hoje, várias formas de proteção[4] que permitem a privacidade das comunicações eletrônicas através, por exemplo, da codificação de mensagens por meio de senhas universais, como o PGP (Pretty Good Privacy). No PGP, as senhas não são guardadas no mesmo provedor onde a mensagem é enviada e, assim, não são acessíveis pelos administradores. Ademais, temos a segurança de que as mensagens não são legíveis durante todo o transcurso entre o emissor e o destinatário. A intensa discussão a respeito da legalidade de "software" (que ainda se encontra proibido para residentes nos Estados Unidos) evidencia que, além das dificuldades técnicas, existem outras barreiras, de natureza política, para a construção de uma rede comunicativa mundial segura para o cidadão.[5]

---

[3] "*Technology and the Internet: Minimizing Employer Liability While Maximizing the Resource*" John E. Osborn. Disponível em:
http://www.ljx.com/practice/laboremployment/osborn.htm

[4] There are several techniques that can be employed to protect information sent via e-mail including, the use of passwords between sender and recipient, use of a "test key" or algorithmic test code that a recipient uses to confirm message origin and integrity, and encryption of messages./ The use of encryption can virtually assure the security of e-mail messages" ("*Electronic interaction in the workplace: monitoring, retrieving and storing employee communications in the internet age*", Mark S. Dichter y Michael S. Burkhardt, 1996, disponível em:
http://www.mlb.com/speech1.htm)

[5] Por conta da verdadeira "paranóia" dos governos (principalmente o americano, mas também de outros governos, como o francês) contra os "softwares" de criptografia, considerados como potenciais armas de guerra, está proibido que o tamanho das chaves de codificação exceda a 40 bites nos "sites" seguros. As limitações ao intercâmbio de tecnologia e investigação em tal campo estão, objetivamente, atrasando o desenvolvimento comercial na internet.

De todo modo, não se pode imaginar que as dificuldades na privacidade do correio eletrônico tornem irrelevante a discussão sobre o direito do empregado a algum grau de privacidade em suas comunicações. Antes de tudo, como se disse, porque a privacidade, ao menos em parte, é possível através de mecanismos de criptografia ou por "transações seguras" (mecanismos de identificação e certificação mútua entre emissor e receptor). Ademais, para o próprio empresário interessa a fixação de níveis éticos de proteção da privacidade do empregado em suas comunicações. Por exemplo, a transparência de mecanismos de monitoração eletrônica nas comunicações do empregado será decisiva no momento de caracterizar a licitude ou ilicitude de eventual prova obtida pelo empresário através desta monitoração.

Por outro lado, o avanço da integração dos meios de comunicação (televisão, rádio, telefone, correio, fax) faz quase inconsistente qualquer tentativa de discriminação com base no meio empregado para transmitir a mensagem.

Incorporando aparatos sofisticados de reconhecimento de voz, tanto o "e-mail" se transforma em "voice mail" como, ao contrário, as palavras transmitidas por voz são captadas e transformadas em palavra escrita. Em um futuro bem próximo, em praticamente todos os lares e escritórios, um único aparelho - o computador "desktop" - incorporará a máquina de fax, a secretária eletrônica, o telefone, o televisor e o rádio. Através de tal tecnologia, conversações telefônicas inteiras podem automaticamente se converter em texto e/ou se podem transmitir por mensagens eletrônicas (o que torna realidade os mais extravagantes sonhos de espionagem!).A escassa compreensão do fenômeno por parte do legislador e dos juízes (que ainda não se aperceberam da importância da privacidade da comunicações eletrônicas) ameaça deixar a descoberto todo a aparato legal construído para garantir o sigilo das comunicações telefônicas e postais.[6]

Outro ponto a considerar é a distinção cada vez menos relevante entre operações "internet" e "intranet", quando esta se conecta diretamente também em "internet". As mensagens eletrônicas, arquivos e até sistemas inteiros podem ser enviados desde dentro de uma rede corporativa até redes externas e vice-versa. Torna-se tênue a linha que separa o que ocorre dentre e fora da rede corporativa.

A partir de uma conexão "internet", as comunicações o empregado passam a transitar por rede pública - e já não apenas privada -, onde as "expectativas de privacidade" do empregado são consideravelmente maiores e onde a monitorização por parte da empresa potencialmente alcança a terceiros.[7]

5.1.3. O correio eletrônico: a experiência americana

A discussão sobre o direito de privacidade do correio eletrônico de empregados é intensa em países de maior in-

---

[6] "Already, desktop computers have replaced answering machines, facsimile machines, and broadcast devices such as television sets and radios. An employee may use his employer's computer network connection to access the Internet; to fax documents, receive voice mail, record voice mail messages, make phone calls; and to participate in video-conferencing. (...) Computer communications technology has led to a convergence of telephonic or common-carrier communications and data-driven digital communications. The result is that current privacy law distinctions between common-carrier communications and e-mail communications do not reflect the fact that these communications media essentially have converged. The law is unworkable in its present form because it lags far behind the technological advances already made." "*Windows Nine-to-Five: Smyth v. Pillsbury and the Scope of an Employee's Right of Privacy in Employer Communications*", Rod Dixon, Virginia Journal Of Law And Technology University of Virginia Fall, 1997, disponível em http://vjolt.student.virginia.edu.
[7] Idem

corporação de recursos de informática nas empresas, como por exemplo, nos Estados Unidos. Segundo dados de investigação realizada pela American Manegement Association, cerca de 15% das empresas consultadas gravava e lia o correio eletrônico de seus empregados.[8] Em tal país, o "Eletronic Communications Privacy Act" (ECPA), a partir de 1986, garante a proteção da privacidade das comunicações eletrônicas em redes públicas, inclusive proíbe a reprodução em discos ou fitas acopladas a um sistema de comunicação em um computador. Assim, é um delito federal manter cópias não autorizadas de mensagens ou exceder a autorização de acesso para alterar ou obter mensagens armazenadas. O acesso ao correio eletrônico privado somente é permitido para autoridades policiais através de uma autorização judicial.[9]

Assim, um grupo de investigação do governo americano, com o objetivo de estudar diretrizes para uma monitoração legítima de "e-mails" de empregados públicos chega a conclusões que recomendam a extensão dos níveis de proteção da privacidade aos meios eletrônicos.[10]

O grupo de investigação admite que podem haver razões legítimas para que a empresa pública tenha acesso ao "e-mail" do empregado, como por exemplo, para

---

[8] "*Electronic Monitoring & Surveillance*", 1997 AMA Survey with the cooperation of Employment Testing: Law & Policy Reporter, disponível em http://www.amanet.org/survey/elec97.htm. Estes números chegam a 30% ou, mesmo, a 60% para a Revista Mc World (Erik C. Garcia, já citado). O incremento inquietante das tecnologias e casos de espionagem no trabalho são relatados em Laura Pincus Hartman, "*The Rights and Wrongs of Workplace Snooping*", disponível em http://www.depaul.edu/ethics/monitor.html.
[9] Idem, 18 U.S.C. sec. 2703.
[10] Tal grupo conclui que "e-mail monoting of actual communications and comunicators may impinge on the Constitutional rights of freedom of speech (1st Amendment), against unreasonable search and seizure (4th Amendment), and against self-incrimination (5th Amendment) as well as on the right of privacy, specifically as set forth in both the Privacy Act and ECPA". (*"Report of the Eletronic Mail Task Force"*, Prepared for the Office of Management and Budget, Office of Information and Regulatory Affairs, April, 1, 1994).

operações de manutenção ou de segurança do sistema, para proteção da privacidade de terceiros, para atribuição de responsabilidade nas operações eletrônicas, etc.[11] Ainda assim, inclusive em caso de razões legítimas, se deve, previamente, identificar o propósito do procedimento, implementando controles contra seu mal uso e para que a invasão da privacidade seja a menor possível. Em todos os casos, será importante que o empregado seja informado do procedimento e de todas as circunstâncias, inclusive de seus resultados.

Isso relativamente a empresas públicas americanas. As dúvidas aumentam quando se trata de interceptação de mensagens privadas em redes privadas. Qual o grau de privacidade possível em uma rede privada que, originalmente, não se destina a comunicação de natureza pessoal?

Relativamente a estas, o grau de proteção é consideravelmente inferior, mesmo quando invocadas razões de interesse público.. Parece já consolidada, por exemplo, a convicção de que a cláusula de "search and seizure" da Constituição Americana, não protege os cida-

---

[11] "Legitimate purposes for monitoring or accessing individuals e-mail include:
To conduct system management, trouble-shooting, maintenance, or capacity planning, to correct addressing problems, or for similar reasons related to performance or availability of the system. In such cases, to the extent possible, the content of messages should not be accessed. If it is necessary to access contents, then those who actually gain access to e-mail messages should be careful to protect privacy and confidentiality.
To maintain security of the system.
To carryout records management responsibilities.
To conduct authorized law enforcement surveillance or investigations, including tracking unauthorized access to a system.
To conduct business during a business crisis if an employee is absent when information is required. In such a case, the agency should notify the employee affected that such access was obtained when the employee returns.
To conduct business during a prolonged absence of an employee, when information in the employee's e-mail is required. In such a case, the agency should notify the employee affected that such a access was obtained when the employee returns.
For purposes of national security" (idem)

dãos contra buscas não razoáveis levadas a cabo por particulares.[12]

Há opiniões muito contraditórias sobre a privacidade da comunicação eletrônica no ambiente de trabalho privado. Por um lado, há uma clara tendência a equiparar as comunicações por meio eletrônico às demais, sejam telefônicas ou postais e, assim, reconhecer aos empregados um espaço de privacidade garantido em suas comunicações de trabalho. Por tal caminho, já existe uma rica discussão a respeito da privacidade nos acessos eletrônicos a bibliotecas universitárias. Já existe um significativo número de universidades americanas e canadenses que tratam os "e-mails" e arquivos como objetos privados e, assim, garantem espaços de privacidade em suas redes eletrônicas.[13]

Como se disse, uma das maiores dificuldades para a extensão de tais experiências se encontra em motivos técnicos estruturais da internet, que fazem inseguras as comunicações por correio eletrônico, assim como nas exigências de manutenção e segurança do sistema.

As dificuldades, entretanto, não são apenas técnicas, mas também políticas. A posição das empresas é frontalmente contrária, pois argumentam que o correio eletrônico é um equipamento para negócios, propriedade da empresa e que, por tanto, existem razões empresariais para a revista do correio eletrônico dos empregados. As justificativas para que as empresas controlem as comunicações de seus empregadas são variadas. Po-

[12] Decisão paradigmática em tal sentido : United States v. Jacobsen, 466 U.S. 109, 113-14 (1984); Jackson v. Metropolitan Edison Co., 419 U.S. 345, 349 (1974).
[13] Ver ftp://ftp.eff.org/pub/CAF/faq/email.policies, onde são citadas como representativas de tais políticas as Universidades : University of Illinois, McGill University (Canada), Ohio State University, Dalhousie University , James Madison University, University of California at Berkeley , University of Michigan, New Mexico State University, University of Pittsburgh, Washington University Center For Engineering Computing, University of New Mexico, Purdue University Computer Center , Kansas State University.

dem ser tanto para assegurar-se de que os empregados não utilizem o correio eletrônico para finalidades particulares, como por exigências de segurança. São significativas as preocupações pela aparição de um novo tipo de crime, que utiliza o computador e que é potencialmente de grande lesividade e de muito difícil detecção.[14]

Há que agregar aqui também razões técnicas. Por exemplo, o *download* de arquivos na internet é uma operação arriscada, pois potencialmente expõe o sistema local à ação de vírus, o que, por si só, justificaria a revista de todos os arquivos baixados pelo empregado em sessões de navegação pela internet.

Por fim, há fortes argumentos relativos às responsabilidades do empresário na manutenção de um apropriado ambiente laboral, o que implica evitar o mal uso das comunicações eletrônicas, como sucede, por exemplo, quando o "e-mail" é utilizado como instrumento de assédio sexual, difamação ou atitudes discriminatórias.[15]

Entendidas as necessidades empresariais de controle das comunicações, há que se ponderar também os direitos de comunicação do empregado e até que ponto as restrições a sua liberdade comunicativa são razoáveis.

Neste sentido, é também evidente uma preocupação cada vez maior pelos abusos patronais, em especial aqueles ocasionados quando, por uma "falsa sensação de segurança" no ambiente de trabalho, se supõe que as comunicações sejam sigilosas. Isso costuma ocorrer quando o acesso ao correio eletrônico do empregado é personalizado e está restringido por senhas individualizadas. Nestes casos, analogicamente, aplicam-se solu-

---

[14] "*Addressing the new hazards of the high technology workplace*", 1991, 104 _Harvard Law Review_ 1898, transcrito por Mark Neely, disponível em Message-ID: 910919001657.20205765@DARWIN.NTU.EDU.AU

[15] Para um relato de casos a esse respeito, ver "*Electronic interaction in the workplace..*", Mark S. Dichter y Michael S. Burkhardt, já citado.

ções jurídicas que equiparam o correio eletrônico a espaços reconhecidamente privados no ambiente laboral, como armários e gavetas chaveadas. Na hipótese de que a empresa não deixe patente suas prerrogativas de revistar tais espaços, entende-se que há abuso e potencial invasão de privacidade do empregado, que atenta contra sua autonomia, dignidade pessoal e saúde.[16] Desde um ponto de vista prático, se não há políticas definidas ou avisos específicos a respeito da inexistência de privacidade do correio eletrônico, parece pouco defensável o acesso irrestrito por parte do empresário ao "e-mail" do empregado", ainda que se tenha em conta o fato de que o equipamento e os sistemas são de propriedade da empresa.[17] A adoção de uma política de comunicação transparente e proporcionada é recomendada como o melhor meio para evitar problemas laborais pela "The Electronic Messaging Association",[18] que, em seu guia de ação,[19] chega a recomendar

---

[16] Assim, no caso K-Mart v. Trotti, a corte decidiu que a revista era ilegal porque o empregado, por ter suas próprias chaves de um armário em seu local de trabalho, podia esperar razoavelmente ter privacidade. (K-Mart Corp. Store n° 7441 v. Trotti, 677 S.W.2d 632. Tex. Ct. App. 1984)

[17] Karen L. Casser, já citada.

[18] "David Johnson and Scott Patterson : "*Access to and Use and Disclosure of Electronic Mail on Company Computer Systems: A Tool Kit for Formulating Your Company's Policy*", 1994.

[19] "Action:
a) Develop or extend corporate policies to address employee privacy expectations.
b) Determine the extent of any current monitoring and limit monitoring to "work related" and supervisory activities. State extent of monitoring in policy.
c) Educate and periodically remind employees and management of policy.
d) Post a notice when employees log onto the computer network and require an affirmative acknowledgment by having the employee indicate that she has read the screen before moving on. The notice should state clearly that the system and e-mail are not private and will be audited and the parameters of employee use. It should also state on-line etiquette for using the network and company resources. For example: "All systems and electronic communications are to be used for business purposes only and in accordance with company policies and procedures. All systems are subject to periodic company audit for business and security purposes. Please keep these guidelines in mind when using company networks and the Internet."
e) Address backup and retention of stored mail.

que as empresas ponham avisos sobre a política empresarial na tela do computador a cada acesso do empregado ao sistema informatizado.

Nos Estados Unidos, quando não existe uma "razoável expectativa de privacidade", pois estão claras as intenções de controle e revista por parte da empresa, há uma forte corrente que sustenta a inexistência de direitos do empregado a qualquer privacidade em suas comunicações por "e-mail" em sistemas de propriedade da empresa.[20] Esta posição se vê reforçada por duas decisões da Corte de Apelação do Estado da Califórnia, casos Bourke v. Nissan Motor Co[21] y Shoars v. Epson America Inc.[22] No primeiro caso, o Tribunal decidiu contra o empregado, não reconhecendo a existência de "razoável expectativa de privacidade". No segundo, entendeu que a lei de privacidade das comunicações telefônicas da Califórnia[23] não se aplica a novas tecnologias.

Tal "expectativa razoável de privacidade" não se limita apenas a uma clara política da empresa. Normalmente, o empregado pode esperar também que, em

f) Set forth how any accessed information will be used.
Employees should clearly understand when and what is being monitored and what will be done with the resulting information and should also be aware that systems may be audited without prior notice to employees. Employees should understand that use of company e-mail, computer, and voice mail systems is limited to business purposes unless otherwise stated" (idem).
[20] Eric S. Freibrun, Esq, "*E-mail Privacy in the Workplace -- To What Extent?*", disponível emhttp://www.cl.ais.net/lawmsf/articl9.htm.
[21] Nº YC003979 , disponível em http://www.Loundy.com/CASES/Bourke_v_Nissan.html.
[22] Caso B 073234, de 14/4/94, disponível em http://www.law.seattleu.edu/chonm/Cases/shoars.html. Um resumo de outras decisões judiciais sobre o mesmo tempo, pode ser obtido em Karen L. Casser, "*Employers...*", já citado.
[23] California Penal Code sec. 637 : "Every person not a party to a telegraphic or telephonic communication who willfully discloses the contents of a telegraphic or telephonic message, or any part thereof, addressed to another person, without the permission of such person, unless directed so to do by the lawful order of a court, is punishable by imprisonment in the state prison, or in the count jail not exceeding one year, or by fine not exceeding five thousand dollars ($5000), or by both fine and imprisonment"

qualquer circunstância, sua privacidade seja respeitada em determinadas zonas do lugar de trabalho, como vestiários ou banheiros, por exemplo. Da mesma forma, é possível entender que, em determinadas situações, uma comunicação de natureza eminentemente pessoal deva ser protegida contra revistas do empregador, o que implica a definição de espaços protegidos mesmo dentro de uma política empresarial abertamente de negação ao direito de privacidade. A extensão de tais espaços privados no ambiente laboral pode, por exemplo, pragmaticamente ser objeto de negociação coletiva e deve ser definida mais por um realismo prático do que por estipulações formais.

Além disso, a ação empresarial deve ser proporcionada, de modo que preserve a privacidade do empregado contra o que se chama "invasion into seclusion"[24] ou "invasões altamente ofensivas da privacidade".[25]

Há que ter em conta que a jurisprudência americana é bastante estrita para reconhecer a ofensividade das invasões. Para a fixação dos limites do direito do empregado é significativa a sentença do Tribunal de Pennsilvanya, caso Smyth v. Pillsbury Co, em que a revista do "e-mail" do empregado "para evitar comentários impróprios ou inclusive atividades ilegais" tem mais

---

[24] "One who intentionally intrudes, physically or otherwise, upon the solitude or seclusion of another or his private affairs or concerns, is subject to liability to the other for invasion of his privacy, if the intrusion would be highly offensive to a reasonable person". (Smyth v. Pillsbury Co., C.A. NO. 95-5712, Court of Pennsylvania, 18/1/96, disponível em http://www.Loundy.com/CASES/Smyth_v_Pillsbury.html)

[25] "In determining the offensiveness of the intrusion, courts examine "the degree of intrusion, the context, conduct and circumstances surrounding the intrusion, as well as the intruder's motives and objectives, the setting into which he intrudes, and the expectations of those whose privacy is invaded." See Miller v. National Broadcasting Co., 232 Cal. Rptr. 668, 679 (Cal. Ct. App. 1986)" ("*Electronic interaction in the workplace: monitoring, retrieving and storing employee communications in the internet age*", Mark S. Dichter y Michael S. Burkhardt, disponível em http://www.mlb.com/speech1.htm. Neste texto se encontram sumários de diversos casos judiciais relacionados com esta matéria.

peso que o direito pessoal do empregado a expressar-se livremente. De tal modo que o Tribunal decidiu que, ainda que o empregado tivesse uma razoável expectativa de privacidade em suas comunicações por "e-mail", a invasão não era "substancial e altamente ofensiva para uma pessoa razoável e, definitivamente, não era desproporcionada.[26]

Busca a jurisprudência americana expressamente uma posição de equilíbrio entre as razoáveis expectativas de privacidade do empregado e as justificativas de monitoramento e busca por parte do empresário. A solução parece ser, cada vez mais, a exigência de razoabilidade de tais justificativas, em uma ponderação entre as reais necessidades empresariais de limitação da liberdade comunicativa do empregado e as conseqüências de tais ações limitativas.[27]

Por outro lado, o ato de monitorar de maneira permanente as comunicações do empregado, fazendo praticamente impossível o desenvolvimento normal de suas atividades, dificilmente pode ser considerado como proporcionado. Relatam-se problemas de saúde que derivam da incômoda sensação de estar debaixo de contínua vigilância.[28]

Além de ser fonte de constantes problemas laborais, um severo monitoramento cria outros inconve-

---

[26] Para una consistente crítica dos argumentos do Tribunal no caso Smyth, ver "*Windows Nine-to-Five: Smyth v. Pillsbury ...*" Rod Dixon, já citado.

[27] "The critical issues to examine when determining employer tort liability for monitoring or intercepting employee e-mail messages are: (1) does the plaintiff have a reasonable expectation of privacy and, if so, (2) was there a legitimate business justification for the intrusion sufficient to override that privacy expectation". ("*Electronic interaction in the workplace*", já citado).

[28] *Report to Congress* of the Office of Technology Assessment (OTA), 1997. Ver também Laura P. Hartman, já citada: " Critics of monitoring point to research evidencing a link between monitoring and psychological and physical health problems, increased boredom, high tension, extreme anxiety, depression, anger, severe fatigue, and musculoskeletal problems. In his 1992 research, Swiss economist Bruno Frey found evidence that monitoring worsened employee morale and thereby negatively affected their performance".

nientes, podendo-se citar um possível aumento da rotatividade no emprego, o escasso rendimento decorrente da moral baixa dos trabalhadores e os problemas de saúde atribuídos ao "stress".

A preservação de um espaço pessoal e reservado para a comunicação privada dos empregados parece ser conveniente para ambas partes e recomendável dentro da lógica de adoção de uma política ética, que preserve a dignidade do trabalhador ao mesmo tempo que resguarde os legítimos interesses empresariais.

Outro aspecto igualmente importante do problema diz respeito ao mau uso pelo empregado do equipamento posto à sua disposição pelo empregador, que, originalmente, se destina estritamente para atividades produtivas. O uso desviado do equipamento pode se traduzir em custos para a empresa, tanto pelo mau uso do material, como pela não realização das tarefas encomendadas ao empregado em seu tempo de trabalho. Ainda que este mau uso possa ocorrer também através do correio eletrônico, é mais freqüente em sessões de navegação por internet.[29]

A necessidade de controlar o uso e os gastos do equipamento posto à disposição do empregado é outro importante argumento a justificar uma política empresarial clara e equilibrada de comunicações, cuja inequívoca ciência por parte do empregado é condição imprescindível para sua legalidade e eficácia.

---

[29] "Employees with Internet access are spending work time to explore the Internet./ A study of workers revealed that they wasted between 20 and 60 percent of their time on the Internet./ A survey by Nielsen Media Research revealed that on-line editions of Penthouse were called up thousands of times a month at major corporations like IBM, Apple Computer and AT & T./ Another example is illustrative of the number of employees spending time at work surfing the Internet. On the Monday after the Olympic Site bombing, more than 15.5 million pages were downloaded by visitors of the Olympic Web Site" ("*Electronic interaction...*", Mark S. Dichter y Michael S. Burkhardt, já citado).

5.1.4. Uma situação hipotética

De todo modo, a mera adoção de uma criteriosa e detalhada política de uso dos meios eletrônicos não constitui, por si só, uma garantia de resolução de conflitos, como se pode observar do exemplo que criamos aqui, onde se pode constatar que recém começamos a identificar melhor o impacto sobre a relação laborar decorrente da adoção dos modernos recursos informáticos.

Trazemos aqui uma hipótese de trabalho, construindo um cenário de uma empresa que, utilizando os recursos mais modernos de comunicação, estabelece uma política rigorosa de controle. Como se verá, a simples adoção de uma política severamente restritiva é insuficiente, quer pela dificuldade prática (técnica e administrativa) de mantê-la, quer porque poderá mostrar-se contraproducente como política de pessoal, afetando a produtividade. Através desse exemplo, se pretende por em realce alguns dos principais problemas relacionados com o direito de privacidade do empregado e a utilização de comunicação eletrônica no ambiente laboral.

Assim, supomos que a empresa possua uma rede de comunicação intranet e esteja permanentemente conectada com a internet. Pela rede corporativa transitam todas as informações relevantes para as operações empresariais (dados de clientes, dados dos empregados, dados de operações contábeis e mercantis, etc.). Todos os empregados são usuários obrigatórios de tais redes, uma vez que, de acordo com a moderna organização de trabalho adotada pela empresa, não é possível que estes possam exercer suas atividades mais triviais (como enviar um memorando, elaborar uma folha de cálculos ou entrar em contato com um cliente) sem utilizar os computadores (e estes somente são acessíveis por meio de ambientes conectados a redes comunicativas).

Para evitar problemas de segurança, a empresa traça uma clara política de comunicação[30] e discrimina perfeitamente quais são as operações que somente podem transitar pela rede intranet e quais são as destinadas à comunicação exterior à empresa (internet).

Todas as operações eletrônicas são registradas no sistema, com data, horário e nome do operador. Todos os acessos são possíveis somente através de senhas personalizadas, de conhecimento exclusivo de cada usuário.[31]

A empresa facilita a cada usuário uma conta própria de correio eletrônico, mantida individualizada e exclusivamente por cada empregado. O empregador permite, ademais, a cada empregado um número limitado de horas semanais de navegação pela internet, para uso exclusivo de serviço, em especial atividades de pesquisa ou auto-formação.

O sistema de correio eletrônico também propicia um "voice mail", de maneira que sejam recebidas, não apenas as mensagens escritas, mas também mensagens de voz, audíveis através do equipamento de som do computador.

Existe, ainda, a obrigação dos empregados de participar, de forma virtual, em um seminário semanal, difundido por meio de "chat" (conversações multilaterais através de computador) ou através do sistema VDO-Live (retransmissão de imagem e voz). Em tais seminários, os empregados são incentivados a expor franca-

---

[30] Para um exemplo de uma complete política "dura" e preventiva, em defesa dos interesses empresariais, ver ("*Electronic interaction...*", Mark S. Dichter y Michael S. Burkhardt, já citado).

[31] É inquestionável a possibilidade técnica de um administrador de rede ter acesso às senhas individualizadas, apesar da ilusória sensação de proteção que estas provocam. Há de ter em conta que, em certa medida, o absoluto sigilo das senhas individualizadas é um dos "dogmas" da segurança das transações eletrônicas e, se posto em dúvida, criam-se sérios problemas de confiança junto à clientela dos provedores de acesso, além de grandes dificuldades de responsabilização dos empregados por suas operações eletrônicas em redes corporativas.

mente suas opiniões e críticas, tudo dirigido a criar um clima de livre debate.

Em suas transações por correio eletrônico, os empregados não apenas intercambeiam suas idéias, mas também, necessariamente, transmitem também arquivos (folhas de cálculo, ofícios, arquivos de som e voz, etc.) que são acoplados às mensagens por meio de "attach". A empresa admite a transmissão de todo tipo de arquivo na rede intranet, mas põe reservas à transmissão por internet, por razões de segurança. Assim toda a saída de arquivos de qualquer tipo do sistema eletrônico da empresa (seja reproduzido em disquetes ou remetido por via eletrônica) deve ser expressamente autorizada pelo pessoal credenciado para tanto.

Dado que a empresa trabalha com informações privadas de seus clientes (privacidade que tem a responsabilidade de manter), assim como para evitar atividades de espionagem empresarial e, também, para assegurar o uso correto e moderado de seus recursos informáticos, estabelece um regulamento interno que:

- proíbe o acesso ao computador central da empresa fora do horário de trabalho e, em qualquer hipótese, de um equipamento que não seja de propriedade da empresa;
- proíbe que seus empregados utilizem seus equipamentos de informática, de propriedade da empresa, para qualquer atividade pessoal não relacionada com o serviço, sendo vedado, inclusive, o uso de correio eletrônico para mensagens de natureza privada;
- proíbe a circulação por internet, por vías não protegidas,[32] de qualquer dado cuja privacidade es-

---

[32] Normalmente transações de conteúdo sensível são realizadas por transmissões "seguras", ou seja, utilizando uma identificação do transmitente e do receptor, criando-se uma codificação que faz o conteúdo das mensagens somente acessível para os dois comunicantes, em cada um dos extremos da transmissão.

teja obrigada a empresa a manter (como dados de clientes) ou classificados pela empresa como confidenciais;
- proíbe a exportação de qualquer arquivo por internet ou sua reprodução por qualquer meio, exceto se expressamente autorizada pela empresa;
- torna explícito o propósito da empresa de monitorizar todas as transmissões via intranet, inclusive em "chats". Para isso, todas as operações são reproduzidas em "backup" e armazenadas por tempo indeterminado, a critério da empresa;
- proíbe a participação dos empregados em "chats", listas de discussão ou qualquer outro tipo de debate via internet;
- proíbe a navegação em internet por páginas que não tenham relação com as necessidades de trabalho e fixa, ademais, um determinado número de horas semanais de acesso a internet. Por conseguinte, a empresa informa seus empregados que controla tanto o número de horas de navegação, como as páginas navegadas em todas as sessões de internet. Assim, todas as conexões são feitas através de um servidor "proxy" que permite, ao final de cada sessão, um relatório eletrônico completo, de todas as horas de sessão, como os endereços eletrônicos apontados pelo "browser";[33]
- torna explícito o propósito da empresa de reproduzir e revistar aleatoriamente tanto as mensagens enviadas como as recebidas pelo correio eletrônico.

---

[33] Através dos servidores "proxy" é possível impedir o acesso do "browser" a determinados endereços internet, como, por exemplo, conhecidas páginas de material pornográfico. Para mais informações a respeito, ver: http://metalab.unc.edu/LDP/HOWTO/Firewall-HOWTO.html

5.1.5. Perguntas possíveis

O primeiro questionamento parece evidente: uma política comunicativa tão rígida não fere a própria dignidade do trabalhador, na medida que este se vê restringido em seu direito de livremente expressar-se e comunicar-se em seu ambiente laboral?

Ademais, a restrição das comunicações do empregado aos "assuntos de serviço" é realmente possível? Tal como ocorreu quando da massificação das comunicações telefônicas, a proibição do uso telefone para assuntos pessoais do empregado mostrou-se inviável. De fato, é impossível dissociar o empregado da pessoa, e esta, mesmo no ambiente laboral, tem necessidades comunicativas privadas que devem ser consideradas e, se possível, atendidas pelo empregador.

Ademais, mesmo no curso das comunicações de serviço, existe um espaço próprio de comunicação interpessoal entre os comunicantes que não pode ser suprimido pelo empregador, sob pena de, inclusive, ferir a dignidade das pessoas envolvidas.

Ora, tanto as comunicações privadas dentro do ambiente laboral assim como este espaço interpessoal dentro das comunicações de serviço merecem um manto de sigilo, a salvo da vigilância patronal.

Não sendo assim, o próprio ambiente laboral torna-se pouco saudável e, consequentemente, pouco produtivo, já que os empregados viverão debaixo da incômoda sensação de estarem sendo permanentemente observados.

Por outro lado, a manutenção de todo esse aparato de vigilância, a um custo operacional bastante elevado, valerá realmente a pena?

Relativamente à proibição de "chats" pela internet ou a limitação da navegação a determinadas páginas, estas medidas não são contraditórias com os incentivos à auto-formação pela internet que o acesso livre dos empregados às novas tecnlogias pretende exatamente proporcionar?

Por fim, o monitoramento e a gravação dos "chats" corporativos não terão, como inevitáveis conseqüências, a auto-censura e a contenção da criatividade dos empregados, justamente o contrário que essas sessões de "brainstorm" buscam gerar?

De todo modo, apesar de todos os cuidados tomados por esta hipotética empresa, restam também muitas questões jurídicas a serem respondidas, mesmo à luz do liberal direito americano:
1 - As mensagens enviadas ou recebidos por correio eletrônico do empregado, na medida que podem utilizar tanto o meio escrito como sonoro (email ou voice-mail), não estão protegidas pela extensão da privacidade garantida às comunicações telefônicas?
2 - A utilização de senhas individualizadas, por si só, não cria para os empregados um ilusória sensação de privacidade?
3 - A revista do correio eletrônico do empregado não viola o direito de terceiros que remetem mensagens para o empregado, acreditando que somente serão lidas por ele?
4 - O monitoramento por parte da empresa de todas as comunicações intranet é uma medida proporcionada?
5 - O controle da navegação pela internet é razoável?

5.1.6. Respostas possíveis

A seguir, se tenta responder as perguntas formuladas, dentro da lógica das recentes decisões jurisprudenciais americanas, admitindo que esta mantenha as diretrizes básicas de suas decisões mais recentes. Tais respostas não tem qualquer preocupação exaustiva e somente pretendem evidenciar que, entre um controle excessivamente rigoroso pela empresa e a irresponsabilidade de uma postura anárquica, muito se pode fazer utilizando a criatividade e a tecnologia já disponível.

1) A existência de uma política transparente e proporcionada que faça o empregado consciente do caráter não sigiloso de suas comunicações no local de trabalho é a melhor maneira de conciliar as exigências de segurança com um ambiente de trabalho mais agradável e produtivo. O monitoramento das comunicações do empregado é sempre uma invasão de sua privacidade e somente se justifica se apoiada em fortes razões, como preservação do ambiente de trabalho, defesa do patrimônio da empresa ou segurança das operações empresariais. Toda intervenção deve ser proporcionada e orientada ao fim que se propõe. Em caso de busca específica, é importante que todas as ações da empresa sejam de pleno e prévio conhecimento do empregado.

2) Parece ser essencial que a empresa advirta aos empregados de que todas as mensagens, de qualquer tipo, inclusive as protegidas por senhas, estão potencialmente disponíveis para o conhecimento da empresa. Tal regra deve ser inequívoca e não parece exagerada a recomendação de que conste nas telas iniciais do sistema de inicialização de cada computador.

Se a empresa optar por garantir aos seus empregados um espaço real de privacidade - o que parece altamente recomendável, como já se disse anteriormente -, poderia adotar a tecnologia de "softwares" do tipo PGP, o que, tão somente por isso, tornaria sem sentido qualquer oposição à revista dos "e-mails" que, por opção do remetente, não contiverem mensagens criptografadas. Em favor de tal solução parece indicar a experiência da adaptação de outras tecnologias - em sua época igualmente de impacto significativo as relações laborais - como o telefone. De uma posição empresarial drasticamente proibitiva ao uso do telefone para as chamadas pessoais, evoluiu-se para uma posição mais permissiva, em que o uso particular do telefone é admitido, reservando-se à empresa faculdades de controle restritas ao tempo de uso e à identificação dos números chamados.

3) O monitoramento do correio recebido pelo empregado é, em qualquer hipótese, uma violação da privacidade de terceiros que, provavelmente, desconheciam as normas empresariais e que o destinatário não tinha privacidade em suas comunicações. Isto se aplica tanto ao "e-mail" quanto ao "voice mail". Na hipótese de uma política empresarial restritiva, no mínimo seria recomendável que todos os "e-mails" expedidos desde o sistema empresarial tivessem "impressa" ou "gravada" uma advertência aos destinatários de que se trataria de uma mensagem comercial e que eventuais respostas pessoais ao empregado remetente não deveriam ser enviadas ao endereço eletrônico emissor.

Parece, ademais, ser uma medida eficiente - e tecnicamente bastante simples - que a empresa estabeleça um padrão de "e-mails" de serviço que inclua, no corpo da mensagem, o nome, logotipo, endereço da empresa, assim com o nome e o cargo do empregado remetente. À margem de reduzir as expectativas de privacidade para possíveis respostas por parte do destinatário, se asseguraria um critério para "correio comercial" e "correio privado (no caso em que este fosse tolerado). Em tal hipótese, obviamente o correio privado seria sigiloso e garantido por criptografia.

Ademais, em relação com o controle de correio expedido, justificar-se-ia a revista de todos os arquivos enviados em "attach", por evidente medida de segurança do patrimônio empresarial. Da mesma forma, a empresa tem fortes razões técnicas para, em defesa da segurança do sistema contra o ingresso involuntário de "vírus", revistar todos os arquivos trazidos pelo empregado, sejam os baixados em sessões de internet ou os ingressados em "attach" a mensagens de correio eletrônico.

4) O monitoramento constante e sem clara finalidade específica[34] de todas as comunicações de "intranet" não é justificável, por desproporcionada. Tanto porque, em caso de redes ligadas a internet, o monitoramento abarca inevitavelmente comunicações exteriores à rede corporativa, como porque, inclusive em âmbito interno, considerada a integração de todos os meios comunicativos ("chat", telefone integrado ao computador, videoconferência, etc.), a constante atividade de vigilância inevitavelmente alcança dimensões protegidas pelas normais gerais de sigilo das telecomunicações.

Há de se ponderar que, mantidas as tendências atuais, a integração computador-correio eletrônico-telefone será um fato em poucos anos, o que provavelmente exigirá que os direitos já reconhecidos do empregado em suas comunicações telefônicas sejam estendidos a suas comunicações por computador.

5) O controle por parte da empresa do tempo e dos endereços eletrônicos navegados em internet pelo empregado é razoável, sob o argumento de que a utilização do equipamento empresarial deva ser produtiva. De qualquer forma, tal como sucede com trabalhadores externos - cujo controle do tempo de trabalho é quase impossível - os controles rígidos estão destinados ao fra-

---

[34] "In a reasonable search, the searcher typically has obtained a warrant based on probable cause. Searches conducted without a warrant are adjudged per se unreasonable. Katz v. United States, 389 U.S. 347, 357 (1967)". ("*Windows Nine-to-Five: Smyth v. Pillsbury* ..." Rod Dixon, já citado).

casso. Normalmente a experiência indica que controles mais flexíveis, vinculados a metas produtivas, são mais eficientes e menos conflitivos.

5.1.8. Bibliografia recomendada[35]

FTP
cpsr.org:/cpsr/cpsr_info.
ftp.eff.org
ftp.eff.org/pub/cud/networks/email
ftp.eff.org/pub/cud/papers/const.in.cyberspace
ftp.eff.org/pub/cud/papers/privacy
ftp.eff.org/pub/EFF/legal-issues/email-privacy-biblio-2
ftp.eff.org/pub/EFF/email-privacy-research

Listservers
CEI-L CEI-L@AMERICAN.EDU
CNI-COPYRIGHT LISTSERV@CNI.ORG
COMP-PRIVACY COMP-PRIVACY-REQUEST@PICA.ARMY.MIL
CYBERIA-L LISTSERVER@BIRDS.WM.EDU
ETHICS-L LISTSERV@VM.GMD.DE

Newsgroups
alt.comp.acad-freedom.news
alt.comp.acad-freedom.talk
alt.cyberpunk
alt.hackers
alt.politics.org.nsa
alt.privacy
alt.privacy.anon-server
alt.privacy.clipper
alt.security
alt.security.pgp
alt.security.ripem
alt.whistleblowing
bit.listserv.ethics-l
comp.org.eff.news
comp.org.eff.talk
comp.security.misc

[35] Recomendada por Victoria A. White em *Ethical Implications of Privacy in Electronic Mail*, From "Proceedings of Technical Conference on Telecommunications R&D in Massachusetts, University of Massachusetts Lowell, 1994.

comp.society.privacy
misc.legal.computing
misc.legal.moderated
news.admin
news.admin.policy
sci.crypt
talk.politics.crypto

Additional Resources:

Electronic Messaging Association, 1655 North Fort Myer Drive, Suite 850, Arlington, VA 22209. 703 524 5550 (tel) 703 524 5558 (fax) info@ema.org.

Electronic Privacy Information Center (EPIC), 666 Pennsylvania Ave., SE, Suite 301, Washington, DC 20003. 202 544 9240 (tel) 202 547 5482 (fax) info@epic.org. EPIC publishes the biweekly EPIC Alert and EPIC Reports on emerging privacy issues.

International Privacy Bulletin, 666 Pennsylvania Ave., SE Suite 301, Washington, DC 20003 pi@epic.org. Published quarterly. $50 for individuals, $200 for organizations.

Network Security Observations, Suite 400, 1825 I Street NW, Washington, DC 20006. Five issues annually commencing November 1994. $195 a year if ordered by email by November 1. subnso@aol.com.

Privacy Journal, P.O. Box 28577, Providence, RI 02908 401 274 7861 (tel) 000510719@mcimail.com. Published monthly. $109 per year ($135 overseas)

Privacy Times, P.O. Box 21501, Washington, DC 202 829 3660 (tel) 202 829 3653 (fax). published bi-weekly, 23 times a year. $310 a year.

Bibliografia:

1. J.C.R. Licklider, R. Taylor, E. Herbert, "The Computer as a Communication Device", International Science and Technology, April 1968.
2. D. Angell and B. Heslop, "The Elements of E-Mail Style", Addison Wesley, Reading, MA 1994.
3. W. Schwartau (p00506@psilink.com), Computer Privacy Digest, V5 38 9/26/94.
4. J. Seabrook, "My First Flame", The New Yorker, June 6, 1994.
5. L. Detweiler, (ld231782@longs.lance.colostate.edu), "Identity, Privacy and Anonymity on the Internet", FTP rtfm.mit.edu/pub/usenet/news.answers/net-privacy/.
6. H. Rheingold, "The Virtual Community: Homesteading on the Electronic Frontier", Addison Wesley, Reading, MA 1993 p. 278.
7. L.C. Becker and C.B. Becker, "Encyclopedia of Ethics", Garland Publishing, Inc., New York, 1992.
8. Computer Ethics Institute, "Computer Ethics Institute", 1994.
9. R. Barquịn, personal communication to V. A. White, September 9, 1994.
10. V. Henderson, "Ethictionary", Revehem Consultants, Brookline, MA, 1994.
11. J. Halberstam, "Everyday Ethics", Penguin Books, NY, NY, 1993.
12. M. Rotenberg, "Protecting Privacy", CompuServe CEthics, posted August 1994.
13. B. Morone, "Formulating a Privacy Policy for Corporate Electronic Messaging", CompuServe CEthics, posted August 1994.

14. M. Rotenberg (rotenberg@washofc.epic.org), Computer Privacy Digest, V5 40 9/29/94.
15. D. Johnson, "Computer Ethics", Prentice Hall, Englewood Cliffs, NJ, 1985, p. 19.
16. email list server, "Conferences That May be of Interest", cpsr@cpsr.org, 09 Sep 1994.
17. M. Gibbs and R.Smith, "Navigating the Internet", Sams Publishing, Carmel, IN, 1993.
18. V.A. White, personal notes and files

Bibliografia utilizada para este trabalho

AMA: *"Electronic Monitoring & Surveillance"*, 1997 Survey with the cooperation of Employment Testing: Law & Policy Reporter, disponible em http://www.amanet.org/survey/elec97.htm.

BEHAR, Richard: *"Who's reading your e-mail?"*. Disponível em http://www.pathfinder.com/@@PtuwZwUAMthjG936/fortune/1997/970203/eml.html.

CASSER, Karem L. : *"Employers, Employees, E-mail and The Internet"*, disponível em http://cla.org/RuhBook/chp6.htm.

DICHTER, Mark S. y BURKHARDT, Michael S.: Electronic *interaction in the workplace: monitoring, retrieving and storing employee communications in the internet age"*, , disponível em http://www.mlb.com/speech1.htm.

DIXON, Rod. *"Windows Nine-to-Five: Smyth v. Pillsbury and the Scope of an Employee's Right of Privacy in Employer Communications"*, , Virginia Journal Of Law And Technology University of Virginia Fall, 1997, disponível em http://vjolt.student.virginia.edu.

FREIBRUN, Eric S. Esq, *"E-mail Privacy in the Workplace -- To What Extent?"*, disponível em http://www.cl.ais.net/lawmsf/articl9.htm.

GARCIA, Erik C. : *"E-mail and privacy rights"*,. Disponível em http://www.law.cornell.edu/uscode/18/ch119.html

HARTMAN, Laura Pincus : *"The Rights and Wrongs of Workplace Snooping"*, disponível em http://www.depaul.edu/ethics/monitor.html

JOHNSON, David and PATTERSON, Scott : *"Access to and Use and Disclosure of Electronic Mail on Company Computer Systems: A Tool Kit for Formulating Your Company's Policy"*, 1994.

NEELY, Mark - transcripión de *"Addressing the new hazards of the high technology workplace"*, 1991, 104 _Harvard Law Review_ 1898, disponivel em Message-ID: S9001657.20205765@DARWIN.NTU.EDU.AU

OFFICE OF MANAGEMENT AND BUDGET, OFFICE OF INFORMATION AND REGULATORY AFFAIRS, *"Report of the Eletronic Mail Task Force"*, Prepared for the, April, 1, 1994.

OSBORN, John E.: *"Technology and the Internet: Minimizing Employer Liability While Maximizing the Resource"*. Disponível em http://www.ljx.com/practice/laboremployment/osborn.htm

WHITE, Victoria A.: *"Ethical Implications of Privacy in Electronic Mail"*, From "Proceedings of Technical Conference on Telecommunications R&D in Massachusetts, University of Massachusetts Lowell, 1994.

Ir pressão:
Editora Evangraf
Rua Waldomiro Schapke, 77 - P. Alegre, RS
Fones: (51) 3335-2466 - 3336-0422
E-mail: evangraf@terra.com.br